鬼谷子

通天彻地的智慧绝学

中华谋略奇书 教你识人要术

（春秋）鬼谷子◎著　　译　文◎编译

山东人民出版社·济南

国家一级出版社 全国百佳图书出版单位

图书在版编目（CIP）数据

鬼谷子：通天彻地的智慧绝学 ／（春秋）鬼谷子著；译文编译. —— 济南：山东人民出版社，2019.10 （2023.3重印）

ISBN 978-7-209-12400-3

Ⅰ. ①鬼… Ⅱ. ①鬼… ②译… Ⅲ. ①纵横家② 《鬼谷子》-译文③ 《鬼谷子》-注释 Ⅳ. ①B228

中国版本图书馆CIP数据核字(2019)第227528号

鬼谷子：通天彻地的智慧绝学

GUIGUZI TONGTIANCHEDI DE ZHIHUI JUEXUE

（春秋）鬼谷子 著 译 文 编译

主管单位	山东出版传媒股份有限公司
出版发行	山东人民出版社
出 版 人	胡长青
社 址	济南市市中区舜耕路517号
邮 编	250003
电 话	总编室（0531）82098914
	市场部（0531）82098027
网 址	http://www.sd-book.com.cn
印 装	三河市金兆印刷装订有限公司
经 销	新华书店

规 格	32开（145mm×210mm）
印 张	5
字 数	95千字
版 次	2019年10月第1版
印 次	2023年3月第3次
印 数	20001—50000

ISBN 978-7-209-12400-3

定 价 36.80元

如有印装质量问题，请与出版社总编室联系调换。

前　言

鬼谷子（约公元前400年—约公元前270年）姓王名诩，又名王禅，号玄微子，是春秋时期卫国朝歌人。他常常进入云梦山采药修道，因为隐居周阳城清溪的鬼谷，因此自称"鬼谷先生"。"王禅老祖"是后人对他的称呼，他是先秦诸子之一。

鬼谷子是我国古代著名思想家、谋略家，兵家、教育家，是纵横家的鼻祖，他是我国历史上一位极具神秘色彩的人物，被誉为千古奇人，长于持身养性，精于心理揣摩，深明刚柔之势，通晓纵横捭阖之术，独具通天之智！他的弟子有：兵家孙膑、庞涓、尉缭子等；纵横家苏秦、张仪、毛遂等，还有被誉为商圣的范蠡，他对后世具有深远的影响。

鬼谷子的主要著作有《鬼谷子》及《本经阴符七术》。《鬼谷子》侧重于权谋策略及言谈辩论技巧，而《本经阴符七术》则集中于养神蓄锐之道。

《鬼谷子》是一部谋略学巨著，在我国传统文化典籍中历来享有"智慧禁果、旷世奇书"之称，其中集中了心理揣摩、演说技巧、政治谋略精华，着重于辩证实践方法，是完整的领导统御与智谋策略体系，具有浓厚的神秘性。本书从其主要内容来看，是针对谈判游说活动而言的，但是由于其中涉及大量谋略问题，与军事问题触类旁通，也被称为兵书。

《鬼谷子》代表了战国游说之士的理论、策略和手段，是纵横捭阖术的经验总结，是运筹帷幄的智慧宝典，也是决胜千里的实用指南，它汇聚了我国五千年传统智慧谋略的精粹，对于今天这个风云变幻、竞争激烈的时代，在从政、处世、经营、管理、公关等方面都具有广泛的指导意义。

《本经阴符七术》前三篇主要说明如何充实意志，涵养精神。后四篇则主要讨论如何将内在精神运用于外，如何以内在心神去处理外在事物等。总的是讲求修道养德、调神养气，并提出仿生导引、动静相宜的养生方法，包含着浓厚道家养生理念，并对后世道教养生思想起着重大影响。

本书将《鬼谷子》和《本经阴符七术》合并在一起进行了阐述，完整呈现了鬼谷子的思想。《鬼谷子》立论高深幽玄，文字奇古神秘，有一些深涩难懂；《本经阴符七术》中"本经"主要讨论精神修养，"阴符"强调谋略的隐蔽性与变化莫测，具有浓厚的道家神秘色彩。

为了让广大读者更加深刻地理解鬼谷子的思想内涵，便于广大读者好读和好懂，我们在编著本书时，根据《鬼谷子》分章分段集中逐个立论阐述的特点，进行了合理分割划分，再一一对应地进行了注释、译文和感悟，还添加了具有相应思想内涵的故事，以便于读者阅读理解。

《鬼谷子》一书是以功利主义思想冷眼静观尘世，认为为了达到自己的目的，一切自认为最合理的手段都可以运用。因此，我们在阅读本书时，一定要站在道德的制高点审视其中庞杂的思想、策略和手段，要取其精华，弃其糟粕，使其真正为我所用。

《鬼谷子》在我国历史上以其"纵横捭阖"的核心思想曾经指引着历代无数能人志士走向了成功。在新的时期，这一思想体系在应对危机、走出困境方面所体现出的深度和广度，或许能够使我们应对人生危机带来的许多不利影响，并能够最终指引我们走出困境，迎接希望。那么，我们就真正学到了《鬼谷子》的思想精华，其古老的思想也会闪耀出时代的光芒，照亮我们的人生道路和无限前途！

目录

Contents

第一章

捭 阖

　　捭为开启，阖为闭藏。捭阖之术，也就是开合有道、张弛有度。捭阖之术是世间万物运转的根本，也是纵横家游说的重要说术言略。

Section 1

捭^①阖^②第一

粤若^③稽^④古，圣人之在天地间也，为众生之先。观阴阳^⑤之开^⑥阖以命物^⑦，知存亡之门户^⑧，筹策万类之终始^⑨，达人心之理，见变化之朕^⑩焉，而守司^⑪其门户。故圣人之在天下也，自古至今，其道一也^⑫。

变化无穷，各有所归：或阴或阳，或柔或刚，或开或闭，或弛或张。是故圣人一守司其门户，审察其所先后^⑬，度权量能^⑭，较^⑮其伎巧短长。

【注释】

①捭：分。

②阖：关、闭的意思。如封闭心扉、采取守势、拒绝外物、排斥人才皆可谓之阖。

③粤若：发语词，通"曰若""越若"。

④稽：考察。

⑤阴阳：古代常用的哲学概念，指宇宙中的两种矛盾对立、相互消长的势力。阴阳交替是宇宙发展的根本规律。

⑥开：打开的意思。如打开心扉、积极行动、采纳良言、任用贤才皆可谓之开。

⑦命物：立名命物。道藏本"命"字上有"名"字。

⑧知存亡之门户：预测吉凶、知悉存亡兴衰的关键。门户，枢机、关键。

⑨筹策万类之终始：筹策，谋划；万类，万物；终始，兴衰演变的过程。别本"类"作"物"。

⑩朕：迹象。

⑪守司：主管、把握。

⑫其道一也：大自然的规律、圣人的道理是同一个。

⑬审察其所先后：仔细审察事物的前后联系。

⑭度权量能：度权，估量对方的思维能力；量能，指衡量对方的实践能力。

⑮较：比较。

【译文】

考察回顾历史，得知圣人在天地之间乃平民百姓中的先知先觉。圣人观察阴阳二气的开合来给万物命名，知晓生死道理，掌握万物的始终，考察民心民情，通达人的心理变化状态，观察事物发展变化的征兆，而把握住各种事物的关键环节。所以圣人处在天地之间，从古到今，所遵循的道理都是一样的。

万事万物的变化无穷无尽，但都是有条不紊，各按其道。有的阴，有的阳，有的柔，有的刚，有的开放，有的闭合，有的松弛，有的紧张。所以圣人把握住事物的关键，审察事物的前因后果，权衡其轻重缓急，比较其技巧优劣长短，而后借物举事。

【感悟】

天下的事物虽然千差万别，但都按照一定的规律有条不紊地进行着。正因为这样，我们需要掌握各种事物独特的、内在的变化规律，然后以不同的方法因时、因地去对待它们，顺其自然即可成事。

2
Section 2

捭阖第二

　　夫贤、不肖、智、愚、勇、怯、仁、义有差，乃可捭，乃可阖；乃可进，乃可退；乃可贱，乃可贵；无为以牧①之。

　　审定有无，与其实虚②，随其嗜欲，以见其志意③。微排其所言，而捭反之，以求其实④，贵得其指；阖而捭之，以求其利⑤。或开而示之，或阖而闭之。开而示之者⑥，同其情也；阖而闭之者，异其诚也。

　　可与不可，审明其计谋，以原其同异⑦。离合有守⑧，先从其志。

　　【注释】

　　①牧：处理。

　　②审定有无，与其实虚：审其才术之有无，察其性行之虚实。

③随其嗜欲，以见其志意：随，顺。嗜欲，爱好。意谓言谈中要顺其欲求，投其所好，顺着对方的思路，窥见对方的内心世界。

④微排其所言，而捭反之，以求其实：微，微妙。排其言，排抑对方的言论。捭反之，发言诘难对方。实，真实的思想感情。

⑤贵得其指，阖而捭之，以求其利：贵，引申为郑重地。得其指，诱使对方讲明意图；指，通"旨"。阖而捭之，自己故作沉默，诱使对方讲话，寻机说服对方。求其利，探知对方利害所在。以上的"捭"与"阖"指言与默、开与闭。

⑥开而示之者：开，就是说话；示，就是表明，引申为吐露；之，人称代词；"示之"可理解为"使之示"。意为说话引导对方吐露出真情。

⑦以原其同异：探讨事物相同与不同的特点、性质。

⑧有守：确立自己的观点而信守之。

【译文】

人有贤良和不肖、聪明和愚笨、勇敢和怯弱、仁义和不仁义之分，在气质上是有差别的。根据这些，就可以开启，可以闭合，可以进用，可以辞退，可以使之卑贱，可以使之尊贵，一切都靠无为来进行对待。

审定一个人有无才能，品行是否忠实，根据其嗜好和欲望，便能观察他的志向和思想。在交谈中，可略微反驳对方所说的话，开启后再揣测他的言谈，以便探察出他的真实意图。这样说，重在能够得到他所说的要义，闭藏之后再加以开启，从而获得自己所求的利益。或者说话引导对方吐露出真情，或者听话隐藏自己的动机。用说话引导对方吐露真情的方法，是为了顺同他的真情实意；用听话隐瞒自己动机的方法，是为了区别他的真诚假意。

看对方的计谋可行不可行时，要判断清楚他的计谋，探讨其中的同异，有的计谋和自己的主张一致，有的和自己的主张不一致，要确定自己的主导思想而加以信守，也要顺从对方意愿志向加以考察。

【感悟】

判断一个人有无才能，品德好坏，可以从他的言行中看出来，当然也要看他说的话是否诚实。这要通过一段时间的考察才能清楚，切不可一言定终生，否则就会扼杀人才。

Section 3

捭阖第三

即欲捭之，贵周①，即欲阖之，贵密②。周密之贵微③，而与道相追④。捭之者，料其情也；阖之者，结其诚也⑤。皆见其权衡轻重，乃为之度数，圣人因而为之虑。其不中权衡度数，圣人因而自为之虑。

故捭者，或捭而出之，或捭而内之⑥；阖者，或阖而取之，或阖而去之⑦。捭阖者，天地之道。

捭阖者，以变动阴阳，四时开闭，以化万物⑧。纵横⑨反出，反覆⑩反忤⑪，必由此矣。

【注释】

①即欲捭之，贵周：周，不遗漏。要行动时，必须做周密的考虑。

②即欲阖之，贵密：探求实情，综合思考，贵在缜密。

③周密之贵微：周密，指思维方式。贵微，指表述方式。

④追：推移。

⑤捭之者，料其情也；阖之者，结其诚也：既要研之，揣度对方的情感反应；又要阖之，稳定对方的思想情绪。"捭"与"阖"，指分化与拉拢。

⑥故捭者，或捭而出之，或捭而内之：出，释放。纳，吸收。此句意谓，同样是"捭"，可以是思想信息的释放，也可以是思想信息的吸收。

⑦阖者，或阖而取之，或阖而去之：取，探取。去，摒弃。此句意谓，同样是"阖"，可做思想信息的探取，也可做思想信息的摒弃。

⑧以化万物：就像春夏秋冬，万物均存在变化一样。

⑨纵横：自由自在地变化。

⑩反覆：或离反或复旧。

⑪反忤：违背、抵牾，互相矛盾。文中意指否定后又给以否定。

【译文】

要想开启，贵在考虑周详；想要闭藏，贵在隐秘。要想周密，贵在不能忽略微小的事情，而合乎道之理。用开启的方法就是要了解对方的情况，用闭藏的方法就是争取到对方的诚心。要观察对方，权衡轻重，对谋略加以审度和评判，圣人为此而有所考虑。

那些不能认可而达于一致的，圣人就按自己的考虑去做。对于开启，有的开启之后辞退，有的开启之后接纳；对于关闭，有的用关闭方法收留，有的用关闭方法加以排除。

所谓开启与关闭，都是天地自然运行的道理。开启与关闭因变化而使阴阳二气产生变动。按照四季的开启与闭合来化育万物。不论纵横、反复都必须由开启闭合而产生。开启闭合是道的最高表现形式。如果想使说辞变化多端，必须事先详细观察对方的变化，一切吉凶大事都与此有关联。

【感悟】

要想对一个人有所了解，就要以周详隐秘的方式采用捭阖的方法，或捭之，或阖之，进而掌握这个人的爱好、性情和思想，然后以此确定对这个人是否进行联合或排斥，以及采取怎样的策略。

Section 4

捭阖第四

捭阖者，道之大化，说之变①也；必豫审其变化。

口者，心之门户也；心者，神之主也。志意、喜欲、思虑、智谋，此皆由门户出入，故关之以捭阖，制之以出入。

捭之者，开也、言也、阳也；阖之者，闭也、默也、阴也。阴阳其和，终始其义②。

故言"长生""安乐""富贵""尊荣""显名""爱好""财利""得意""喜欲"，为阳，曰"始"。

故言"死亡""忧患""贫贱""苦辱""弃损""亡利""失意""有害""刑戮""诛罚"，为阴③，曰"终"。

诸言④法阳之类者，皆曰"始"，言善以始其事⑤；诸言法阴之类者，皆曰"终"，言恶以终为谋⑥。

【注释】

①道之大化，说之变：大化，变化。说之变，指游说原则并主张灵活运动。

②终始其义：指始终保持的义理，即善始善终。

③阴：指矫正性说服，已然使之止为终。

④诸言：各种言论。

⑤言善以始其事：讲对方外部的有利条件，内部的积极因素，鼓动对方开始新的行动。

⑥恶以终为谋：讲对方外部的不利条件，内部的消极因素，终止对方的谋虑。

【译文】

开启闭合是道的最高表现形式。如果想使说辞变化多端，必须事先详细观察对方的变化，一切吉凶大事都与此有关联。

口是心的门户，心是神的主宰。意志、情欲、思虑、智谋都是由口出入，所以用捭阖之术封住口，控制它的出入。

所谓"捭之"，就是开启、言说，是公开的，属阳谋；所谓"阖之"，就是闭藏、缄默，是不公开的，属阴谋。阴阳配合得好，事情的开始和结果才能处理得当，恰到好处。

所以说，长生、安乐、富贵、尊荣、显名、爱好、财利、得意、喜欲等都是阳气，统称为"始"；死亡、忧患、贫贱、苦辱、弃损、亡利、失意、有害、刑戮、诛罚等都是阴气，统称为"终"。

凡是那些顺承阳气的人，叫作"始"，他们以谈论"善"来作为事情的开端。凡是那些效法阴气的人，全称为"终"，他们以谈论"恶"来作为谋略的结束。

【感悟】

俗话说："病由口入，祸从口出。"言从口出，言为心声。要想把好"口关"，防备祸从口出，必先把好"心关"。要想把好心关，只有加强自己的涵养，加深自己的城府，凡事三思而后行，免招祸殃。

5 / *Section 5*

捭阖第五

　　捭阖之道，以阴阳试之①，故与阳言者，依崇高②，与阴言者，依卑小。以下求小，以高求大③。由此言之，无所不出，无所不入，无所不可④。

　　可以说人，可以说家，可以说国，可以说天下⑤。为小无内，为大无外⑥。益损、去就、倍反，皆以阴阳御其事。

　　阳动而行，阴止而藏；阳动而出，阴随而入。阳还终始，阴极反阳⑦。以阳动者，德相生也；以阴静者，形相成也。以阳求阴，苞以德也⑧；以阴结阳，施以力也。阴阳相求，由捭阖也⑨。

　　此天地阴阳之道，而说人之法也，为万事之先，是谓"圆方⑩之门户"。

【注释】

①以阴阳试之：指用或正或反、或直或隐的游说方法试探和把握对方的思想。

②与阳言者，依崇高：与心理态势积极的人言谈，宜从大处着眼。

③以下求小，以高求大：从低处做微观分析，从高处做宏观分析。

④无所不可：任何地方、任何场合都没有什么不可以的。

⑤可以说人，可以说家，可以说国，可以说天下：意谓小可以说服一人一事，大可以说服天下万民，天下大事。

⑥为小无内，为大无外：微观上说服可及无限之微，宏观上说服可及无限之广。

⑦阳还终始，阴极反阳：意为阴阳运行，彼此相生，互相转化。

⑧以阳求阴，苞以德也：对方消极，要去鼓动他，使他昂奋，要以德感化。苞，通"包"，包容。

⑨阴阳相求，由捭阖也：意谓积极与消极的相互影响，相互转化，是由捭阖之术作用的结果。

⑩圆方：天圆地方，智圆行方，语圆事方。方，指原则性；圆，指灵活性。

【译文】

开闭的法则，都可用阴阳之言进行试探。因此对正派的人要谈论崇高的事去试探他；跟阴险的人谈论要用卑小的事去试探他。用低下要求卑小，用崇高要求宏大，这样说来，没有什么不可以探测出，没有什么不能深入进去，没有什么不能办到的事。

用这种道理可以说服一家人，说服一个国家，说服天下人。阴则无内可言，阳则无外可言，游说之道能大能小，能屈能伸。所有益损、去来、背反等都可以运用阴阳之法应对的。

阳气动就要行事，阴气动就可以收藏。阳气活动而显出，阴气隐藏而进入。阳气到了极点变为阴，阴气到了极点就反为阳。以阳气而活动的人，道德由此增长，以阴气而安定的人，形势会随着助长，事物由此而形成。以阳气来追求阴气，就要用恩德来包孕，以阴气来结纳阳气，就要以力量来施行。阴阳相互追求，是根据开合来决定的。

这就是天地阴阳的法则，也是说服人的基本方法。是万事万物的先知先觉，也就是所说的天地之门。

【感悟】

天下的事物无不包含着阴阳、正反两个方面，这两个方面相辅相成，在一定条件下可以互相转化。也就是说，天下的事物没有不可以转变的，有了条件就能够转变，没有条件，创造条件也同样可以使之转变。人们可以根据这个道理去处理事物。

第二章

反　应

　　本章主要讲述了刺探情况的谋略，就是利用事物正反两面相辅相成的规律，从反面达到正面的方法。

Section 1

反应第一

古之大化者①，乃与无形俱生。反以观往，覆以验来②；反以知古，复以知今；反以知彼，覆以知己。

动静虚实之理，不合来今，反古而求之③。事有反而得覆者，圣人之意也。不可不察。

人言者，动也；己默者，静也。因其言，听其辞。言有不合者，反而求之，其应必出④。

言有象，事有比⑤。其有象比，以观其次⑥。象者，象其事；比者，比其辞也⑦。以无形求有声⑧，其钓语⑨合事，得人实也。

其张置网⑩而取兽也，多张其会⑪而司之。道合其事⑫，彼自出之，此钓人之网也⑬。常持其网驱之⑭。其言无比，乃为之变⑮。以象动之，以报其心，见其情，随而牧之⑯。已反往，彼覆来，言有象比，因而定基⑰。

重之、袭之、反之、覆之，万事不失其辞，圣人所诱愚智，事皆不疑⑱。古善反听者，乃变鬼神⑲以得其情。其变当也，而牧之审也⑳。牧之不审，得情不明；得情不明，定基不审㉑。

变象比，必有反辞，以还听之㉒。欲闻其声，反默；欲张反睑，欲高反下，欲取反与㉓。欲开情者，象而比之，以牧其辞。同声相呼，实理同归。或因此，或因彼，或以事上，或以牧下㉔。

此听真伪、知同异，得其情诈㉕也。动作言默，与此出入㉖；喜怒由此，以见其式。

【注释】

①古之大化者：化，指教化；大化者，指教化众人的圣人。

②反以观往，覆以验来：反，同返，返回，翻过来。覆，翻过去，反面。"反"和"覆"都是反复的意思。追溯过去的经验，进行研究以面对当前，认识未来。对事物应从正反两个方面反复思考。

③动静虚实之理，不合来今，反古而求之：动静，指言行；虚实，指思想；不合，即反常。全句意谓，言行思想不合情理，出现反常，则可通过周围与以往的情况去推究；理不合，实相求。

④言有不合者，反而求之，其应必出：此句陶弘景注："谓言者或不合于理，未可即斥，但反而难之，使自求之，则契理之应，怡然而出。"

⑤言有象，事有比：象，类比；比，譬喻。陶弘景注："象谓法象，比谓比例。"

⑥其有象比，以观其次：意谓言谈时通过类比举一反三，由此及彼，达到知事明理的目的。

⑦象者，象其事；比者，比其辞也：前者指论证方法，后者指修辞技巧。

⑧以无形求有声：意谓由于借助逻辑方法和修辞技巧，所以能不言理而理自明。

⑨钓语：如钓鱼投饵一般，在交谈时给对方以诱饵，以便引出对方的话头。

⑩置网：捕兽的网。

⑪会：聚集的意思。

⑫道合其事：这里的"事"，与上文的"钓语合事"，均指对方的心事。陶弘景注："道合其事，彼理自出。理既彰，圣贤斯辨，虽欲自隐，其道无由。"

⑬此钓人之网也：象比方法是诱动人心的置网。

⑭常持其网驱之：经常把握象比的方法诱动对方。

⑮其言无比，乃为之变：言谈难作譬喻，就要变化。

⑯以象动之，以报其心，见其情，随而牧之：用类比法去触动对方，以合其心意，发现对方的情思所在，慢慢地就可以驾驭对方了。

⑰定基：把握基本观点。

⑱圣人所诱愚智，事皆不疑：圣人用象比的方法去诱动愚者或智者，事情都不会有疑误。陶弘景注："圣人诱愚则闭藏之，以知其诚；诱智则拨动之，以尽其情。咸得其实，故事皆不疑也。"

⑲变鬼神：如鬼神之灵活多变，善于调整自己。

⑳其变当也，而牧之审也：意谓恰当地调整自己，审慎地引导对方。变，策略调整。审，审慎。

㉑定基不审：确定自己的基本观点不周密。

㉒变象比，必有反辞，以还听之：此句陶弘景注为："谓言者于象比有变，必有反辞以难之，令其先说，我乃还静以听之。"

㉓欲闻其声……欲取反与：这是"反听"的具体办法，目的在于"得情"。睑，本作"敛"，通假。

㉔或因此，或因彼，或以事上，或以牧下：因此、因彼是讲言谈起点相异；事上、牧下是讲言谈对象不同。

㉕情诈：真情为伪诈。

㉖动作言默，与此出入：意谓或动或止，或言或默，都应以反听之道来调整。

【译文】

古代教化众生的圣人，是同无形无影的天地一起产生的。回首观看过去，返回来验证未来；回首考察历史，返回来了解认识现在；回首了解知道对方，返回以后认识自己。

动静、虚实的道理，如果与现在的情形不符合，那么就要返回到古代的历史中去寻求答案。对事情的考察，要返回过去，再来验证现在。这是圣人的思考方法，对事物不可不详细审察。

别人的讲话为动，自己的沉默为静。因此根据对方的话探知他的主张、意图，假如发现他的言辞有不合理、前后矛盾的地方，马上反问他而探求其真意，对方的反应必然出现。

言语有法相，事情有类比，既然有法相和类比，就可以从对方的谈话中了解法相和类比，然后才可以观察其他的东西。所谓象是指言谈中某类事物的象征。比是指比照言辞中的同类事物，是借助无形的道来求得有声的言论。引诱对方说话，把对方所说的话与做的事相对照，就能了解对方的真实情况。

这种情况就好像张网捕捉野兽一样，尤其要在野兽密集的地方多张网等候。一旦引导方法得当，对方必然会吐露真情，这种用语言诱导的方法也是一张"钓人之网"。

可以用这种钓人的网去引诱对方谈话。假如对方有所察觉而不再说真话，就要改变方法。做出某些表象而用语言去打动他，去迎合他的心意，从而了解他的真情，控制住他。自己又回去检查自己，对方一定会再来，所说的话有了法相和类比，因此就有了基础。

如此多次重复它，因袭它，反复验证它，再三审察不使谬妄存在，那么任何事物的真实情况都可以从对方言辞中察知。

圣人用不同的方法诱导愚者和智者，所得到的任何事情全是真实可靠的。善于从反面观察判断的人，能够通过运用变化来探得事物的真实面目。如果所运用的变通方法得当，那么就能掌握事物而加以审察。不能明察对方真情，得到的情形就不真实，就不能明了对方的真实意图，基础就不稳定。

因此，一定要用手法使对方言辞中的法象、类比信息改变，而后顺着他的变换言辞去反问他，让他回答，然后静默地看对方的反应并加以分析。在谈论中，要想听对方讲话，自己反倒要保持沉默；想要使对方张口讲，自己就要收敛闭口不语；想要升高，反而要先使自己低下；要想从对方那里得到好处，自己反而要先给予对方一些实惠；想要打开对方心扉，就要自己先设表象比对去引动对方，待他情志启动，想要发表意见时，便认真去体会对方的言辞。主张相同就会彼此呼应，道理真实就会彼此接受。谈话中，或者从这件事谈起，或者从那件事谈起；所谈之事可以是侍奉君主的事，也可以是教化百姓的事。

在这些谈论中，要辨别真伪，分析了解性质同异，分辨真情与欺诈。一个人的言谈举止，都会流露出一定的感情，喜、怒、哀、乐也都以一定的形式显示出来。这一切都是考察他人的依据。

【感悟】

要想彻底了解一个人，就要从这个人的过去进行考察，进而探测他未来的发展倾向。其次，要从这个人的正反面去衡量。用言语和事物去刺激他，以探求他的反应和真实意图。

2

Section 2

反应第二

　　皆以先定^①，为之法则。以反求覆^②，观其所托^③。故用此者，己欲平静，以听其辞，察其事，论万物，别雄雌。虽非其事，见微知类^④。

　　若探人而居其内，量其能，射其意^⑤也。符应不失^⑥，如螣蛇^⑦之所指，若羿之引矢。

　　【注释】

　　①先定：先审定明确的言谈起点与目标。

　　②以反求覆：反，指语言信息的发出。覆，指通过语言反馈回来的对方心理信息。

　　③观其所托：分辨出主张的本意。

　　④见微知类：从微小的事情上，观察出种种事物的变化。

　　⑤射其意：猜度别人的心意。射，猜测。

⑥符应不失：内符与外应相合。

⑦螣蛇：亦作"腾蛇"，传说中一种能兴云雾而飞的蛇，能准确地指示祸福。

【译文】

用反观别人的方式来复验审察自己，在反复探求中去观察对方言辞中隐含着的真情。谈话中要谋求自己的内心平静，才能听取对方的言辞，进而考察他言辞中涉及的诸事，探讨万物，辨别雌雄。即使对方言辞所谈之事是次要的，不是急于要知道的，也可以从细微的征兆中发现其中隐含的真情。

就像为刺探敌情而潜伏敌境一样，要准确地估量对方的能力，探知推测出对方的意向，像符应一样灵验，像螣蛇所预示祸福一样准确不差，像后羿射箭一样百发百中。

【感悟】

要想探求一个人的内心世界，必须要用机巧灵变的方法，即"欲闻其声反默，欲张反敛，欲高反下，欲取反与"，以察其真伪，了解其喜怒哀乐。需要注意的是采用这种方法时一定要保持自己的内心平静，以使自己的判断准确，抓住对方的真实意图。

3

Section 3

反应第三

故知之始己，自知而后知人也①。其相知也，若比目之鱼。见形也，若光之与影也。

其察言也不失，若磁石之取针，舌之取燔骨②。

其与人也微，其见情也疾。如阴与阳，如阳与阴；如圆与方，如方与圆。未见形③，圆以道之；既形④，方以事之。进退左右，以是司之。

己不先定⑤，牧人不正，事用不巧⑥，是谓"忘情失道"⑦；己审先定以牧人，策而无形容，莫见其门，是谓"天神"。

【注释】

①知之始己，自知而后知人也：假如你想要知道他人，就必须先了解自己。了解自己后，才能说他知人。

②燔骨：火烤的肉骨头。《谭子化书》："嚼燔骨者，焦唇

烂舌，不以为痛。"

③未见形：指对方思想感情的潜在状态。

④既形：指对方思想感情已外化。

⑤己不先定：自己如果没有主见。先定，预有的主见。

⑥牧人不正，事用不巧：不能正确地认识人，引导人，也难以巧妙灵活地处事。

⑦忘情失道：忘，一作"亡"。忘情失道即背情悖理。

【译文】

了解别人先要从了解自己开始，只有了解了自己，然后才能了解别人。真正了解别人，彼此之间感情自然和睦，就像比目鱼并行一样形影不离。

掌握他人形象，如光与影相随，观察对方言辞，不可有所疏忽，就像磁石吸引铁针、舌头舔食烤熟的排骨一样。

与人交相也不在深厚，只要方式得法对方就会很快地向我敞开情怀。这其中的关系，就像阴与阳、圆形和方形一样有一定的规则。在对方迹象尚未出现之前，用圆通、灵活的方法去引导对方；当对方形迹已经出现时，就用一定的原则去衡量他。进退左右等各种行动都应按这种法则去掌握。

如果不能自己确定下来、制定一些考察人的准则，就不能很好地管理人才、统治别人，处理事情就会笨拙，运用的技巧就会不够，这就叫作"沉迷于感情而迷失正道"。只有先严格审定自己，确定好一种考察他人的准则制度，而后才能统治他人而无形无迹。在管理上施用谋略，使人们根本看不见整个制度的所在，未见其门却又自然地进入这扇门，这就达到了御人的最高境界。

【感悟】

想要了解别人，首先要了解自己；想要审定别人，首先要审定自己，掌握了别人而别人还未觉察才是最高的手段。既了解别人，又了解自己的人，才是掌握全面的人，才能真正制胜别人。

第三章

内捷

本章主要讲述了关于进献说辞和固守谋略的方法，论述了领导者与被领导者之间的关系。

Section 1

内^①捷第一

君臣上下之事，有远而亲，近而疏；就之不用，去之反求^②。日进前而不御，遥闻声而相思^③，事皆有内捷^④。

素结本始，或结以道德^⑤，或结以党友，或结以财货，或结以采色。用其意，欲入则入，欲出则出，欲亲则亲，欲疏则疏，欲就则就，欲去则去，欲求则求，欲思则思。若蚨母^⑥之从其子也，出无间，入无朕，独往独来，莫之能止。

【注释】

①内：纳的意思，也就是叙述自己的观点。

②就之不用，去之反求：就，俯就。去，离开。陶弘景注："非其意则就之而不用，顺其事则去之而反求。"

③日进前而不御，遥闻声而相思：御，用。陶弘景注："分违则日进前而不御，理契则遥闻声而相思。"

④事皆有内捷：意谓上述六种似乎反常的现象，实际上都是由内情如何决定的。

⑤或结以道德：意为在道德情操上取得一致。

⑥蚨母：青蚨之母。《搜神记》："（南方有虫）名青蚨……取其子，母必飞来，不以远近。虽潜取其子，母必知处。"

【译文】

君臣上下之间的关系相当复杂，有的距离虽远却很亲密，有的相隔很近反而关系疏远。有的主动攀附君主反而得不到任用，有的离开了反而被君主相求；有的天天都在君主面前不被差遣，有的君主远远闻其名声便朝思暮想。

交往之始，有的以道德结交，有的以结交党羽的政治方式结交，有的用财物的方式结交，有的以封地来结交。只要摸清君主的心意，善于逢迎其意，那么君主随其臣意，想要从政就能从政，想要离开就离开，想要亲近就能亲近，想要疏远就能疏远，想要出仕就能出仕，想要退隐就能退隐，想要进求就能进求，想要思念就能思念。君主对待臣下就像母蜘蛛放纵它的幼子一般，出去没有时间，进来没有征兆，独来独去，没有谁能够阻止它。

【感悟】

看君臣之间的亲疏的程度，不是取决于臣下离君主远近，而是取决于君主委托臣下所办之事重要与否。有的离君主很近，却不一定是宠臣，有的虽然离君主很远，却能得到君主的重用。

2 / *Section 2*

内揵第二

内者，进说辞；揵者，揵所谋也[1]。故远而亲者，有阴德也；近而疏者，志不合也。就而不用者，策不得也；去而反求者，事中来也。

日进前而不御者，施不合也；遥闻声而相思者，合于谋待决事也。故曰："不见其类[2]而说之者，见逆，不得其情而说之者，见非。得其情，乃制其术。此用可出可入，可揵可开"。

【注释】

①内者，进说辞；揵者，揵所谋也：内，即纳，纳言于人。揵，即结，结谋于人。陶弘景注："说辞既进，内结于君，故曰：内者，进说辞也。度情为谋，君不持而不舍，故曰：揵者，揵所谋也。"

②类：类似、共同点。

【译文】

臣进说辞于君主，就能从感情上与君结交，被君主宠信。君主对于臣子献的决策谋略就会持而不舍。所以说那些远离君主而能与君主亲近的，是有阴德的缘故。离君主很近而关系疏远，是因为他们的思想与君主不合，主动投靠君主而得不到重用的人，是因为决策不被君主采纳，不得君心，那些离开君主的反而得到诏求，是因为后来发生的事正如他们曾经预料的那样。

天天在君主面前而没有被使用的人，是因为他们的施政措施与君主不合的缘故。君主远闻其名声而思念的人，是因为他们的谋略思想与君主暗合，君主期待他前来共同商量国家大事。所以说，如果与君王志趣不同就进献计策，必然被斥退，适得其反；不了解君主思想感情而进说辞必定不能达到目的。只有掌握了君主的心意，情意相投才能同君主制定方针大计，控制他的施政措施。运用这种方法，就可出入自由，可以事君或离开君主。

【感悟】

要想上司采纳你的建议，必须先要了解上司的真实思想、真实意图，与上司情投意合之后，上司才会相信你，采纳你的建议，这样就可以推行你的施政方针了。

内揵第三

故圣人立事①，以此先知而揵万物。

由夫道德、仁义、礼乐、计谋，先取《诗》《书》，混说损益，议论去就。

欲合者，用内②；欲去者，用外。外内者，必明道数③，揣策来事④，见疑决之，策无失计，立功建德。治民入产业，曰"揵而内合"。

上暗不治，下乱不寤，揵而反之。内自得而外不留说，而飞之。若命自来，己迎而御之；若欲去之，因危与之。环转因化，莫知所为，退⑤为大仪。

【注释】

①立事：立身处事。

②欲合者，用内：意思是想要取得君王的信任与合作，就

要在掌握君王心理方面下功夫。合，指合于君王的心意。内，内心。

③外内者，必明道数：在决定内外大事时，必须明确道理和方法。

④揣策来事：推断将来的事情。

⑤退：保全。

【译文】

所以圣人建功立业，都是先了解掌握这种君臣情谊而控制万物，由此而推行治国计谋。

向君主进献建议和谋略，必须先考证《诗》《书》中的精华，使自己的主见与之一致，笼统地说些利弊得失的意见，然后决定去留。

想要留下就接近君主，动之以情，争取君主宠信，想离开君主就用不着讲究情谊。懂得了有情和无情的区别，处理内外大事时必须懂得道理，而且揣摩考虑未来的事情，发现可疑之处就能做出决断。只要决策谋略不失误，就能够建立功勋，累积德政。

若遇到能够依靠的明主，就帮他整顿朝政、治理人民，使他们拥有产业，使君臣名分摆正，谋划一些合乎君主心意有成效的决策，把握住与君主的关系。如果君主昏庸无道，不理国家政务，臣民纷乱而不知醒悟，这时就算有好的谋略也不能适合统治者的口味，就不能进献而要明智地做出离开的决定。

遇到对内自以为是、对外留不住人才的君主，谋士只能先去迎合他，为他歌颂功德，博取他的欢心后再说动他。假如有朝廷诏书征召，就先迎合君主的心意，为其所用，实现自己的抱负。若想离开，就用权谋之术应付他，趁国家危亡的时候，把权力交还，然后设法离去。要依据面临的情况随机应变，运转自如，使人不了解自己的所作所为，猜不透摸不清，退居则是明哲保身的大法则。

【感悟】

作为一个智谋之士，如果遇明主竭力辅佑他，借以实现自己的抱负。如果遇到不贤明的君主，即使努力去劝说他也往往无用，不如想法离开，而后另择明君而事。

第四章

抵巇

　　抵巇，犹钻营。巇，本意为缝隙，可引申为潜在的矛盾或容易忽视的问题。有智慧的人，在事物败坏的兆迹刚刚出现时，就会敏锐地发现事物的征兆，并凭着自己的力量追寻它变化的踪迹，暗中思量琢磨，通盘筹划，找到产生微隙的原因并想出方法解决。

1 / *Section 1*

抵巇^①第一

物有自然，事有合离^②；有近而不可见，远而可知。近而不可见者，不察其辞也；远而可知者，反往以验来也^③。

巇者，罅也。罅^④者，涧也；涧者，成大隙也。巇始有朕，可抵而塞^⑤，可抵而却，可抵而息，可抵而匿^⑥，可抵而得，此谓抵巇之理^⑦也。

【注释】

①巇：同隙，是虚的意思。

②物有自然，事有合离：事有逆顺离合，是事物的自然法则。

③远而可知者，反往以验来也：远的如能以经验来推论，也是可以知道的。

④罅：裂缝，漏洞。

⑤抵而塞：意思是说，从内部产生的矛盾，则采用修补的办法。抵，对付，利用。塞，补塞。

⑥抵而匿：意思是说，问题处于萌芽状态，宜用掩盖、宽容的办法予以消除。

⑦理：原则和方法。

【译文】

天下的万物都有自己本身生发死灭的自然法则，事物的分散与聚合都有一定的自然规律。有的近在身边却无法看见，有的相距很远却很了解。近在身边不能发现的事，是因为没有详细地加以观察，距离远的却能了解，是因为回首考察过去的历史，能够验证预测未来。

所谓"巇"就是裂缝。裂缝，逐渐发展就变成大裂缝。小的裂缝刚出现时就有兆头，就应该从里边将它堵塞，或从外边挡住，控制住它的发展，甚至使它消失。当裂缝已扩展开了，无法堵塞时，就可以乘势取而代之，另作他用。这就是堵塞裂缝的基本原理。

【感悟】

千里之堤，毁于蚁穴。对于刚刚出现的漏洞就要想法及时加以补救，否则漏洞逐渐扩大，要堵就困难了，甚至于无法堵塞。如果漏洞大了，不能以堵的办法处理，那么就只有从根本加以解决。

Section 2

抵巇第二

事之危也，圣人知之，独保其用①，因化说事，通达计谋，以识细微，经起秋毫之末②，挥之于太山之本。

其施外，兆萌芽蘖③之谋，皆由抵巇。抵巇隙，为道术用④。

【注释】

①事之危也，圣人知之，独保其用：意思是说，只有圣人才具有敏感性和预见性，善于发现客体的矛盾与危险的存在，并能利用和对付它。

②秋毫之末：指秋季动物生出的细毛。比喻事物的微末。

③兆萌芽蘖：新出现的尚处于萌芽状态的问题。

④抵巇隙，为道术用：意思是说，将抵巇作为一种策略手段加以运用。

【译文】

当事情刚刚出现危险的迹象时，圣人就能发现，并能做到明哲保身。根据事物的发展变化趋势，辨别事物的道理，并且能制订可行的计谋，以此来辨识事物的细微征兆。事情开始露出危险迹象时，就像秋天鸟兽的毛一样细微，但任其发展下去，也能动摇大山的根基。

圣人对付外界变化，防患于未然的谋略，都是从堵塞漏洞这个道理中得出来的。因此从堵塞缝隙入手解决问题，是治道处世的实用大法。

【感悟】

这篇文章教导我们，要有预判意识、危机意识，提前把错误和危机扼杀在萌芽中，不能任其扩大发展到不可收拾的地步，否则，后果难以预测。

Section 3

抵巇第三

　　天下分错①，上无明主，公侯无道德，则小人谗贼②；贤人不用，圣人窜匿③，贪利诈伪者作，君臣相惑，土崩瓦解④，而相伐射⑤；父子离散，乖乱反目，是谓"萌芽巇罅"，圣人见萌芽巇罅，则抵之以法。

　　世可以治，则抵而塞之，不可治，则抵而得之⑥。或抵如此，或抵如彼；或抵反之，或抵覆之。五帝之政⑦，抵而塞之，三王之事⑧，抵而得之。诸侯相抵，不可胜数⑨。当此之时，能抵为右⑩。

　　【注释】

　　①分错：纷乱错杂的无序状态。分即纷。

　　②谗贼：以言害人为谗贼。

　　③窜匿：逃遁，避世隐居。

④土崩瓦解：比喻事物的分裂，像土崩塌、瓦破碎一样，不可收拾。

⑤相伐射：相互攻击杀伐。

⑥世可以治，则抵而塞之，不可治，则抵而得之：塞，弥补。塞之、得之，一为补救法，一为转化法；一是助之使理，一是摧之使垮；一是帮助对方修正思维航向，一是使对方思维逆转。

⑦五帝之政：五帝时期的朝政。五帝，上古传说中的五位帝王。一说为黄帝、颛顼、帝喾、唐尧、虞舜；一说为太昊、炎帝、黄帝、少昊、颛顼；一说为少昊、颛顼、高辛、唐尧、虞舜；一说为伏羲、神农、黄帝、唐尧、虞舜。说法很多。政，政事，朝政。

⑧三王之事：三王时期的事业。三王，即指夏、商、周三代之君。商汤和周文王、周武王分别战胜并推翻了夏政权和商政权，取而代之。事，政治，事业。

⑨诸侯相抵，不可胜数：诸侯之间相互利用矛盾，乘间而入，是普遍现象。

⑩右：古代以右为尊，此指上策。

【译文】

天下扰攘纷乱，国家没有明君，公侯权臣没有仁德，于是小人谗害贤良，贤良得不到重用。圣人逃出藏匿，贪婪奸邪、诡诈伪善的小人乘机兴起作乱，君臣互相猜疑愚弄，天下土崩瓦解，相互攻击杀伐，父子离散不合，反目成仇。这就是所说的不祥之兆。圣人看到这种社会弊端，就会采用相应方法处理。如果世道还能够挽救，就采取措施补救；若感到已发展到不可挽救的地步，就取而代之。

圣人治世，有时用这样的方法，有时用那样的方法。或堵塞漏洞，纠正失误，使之返回正道，或采取颠覆的方法取而代之。像五帝当政的时代，就用抵挡堵塞漏洞的方法；处于三王那样的时代，不可救药，就用抵挡的手法取而代之。诸侯之间的互相征伐欺诈，不可胜数。在这种情势下，善于利用矛盾，乘间而入才是上策。

【感悟】

当乱世之时，要想拯救社会，救百姓于水火之中，贵在根据具体情况，或者采用补救的方法，或者采用取而代之的方法，实现自己的愿望，达到造福人民的目的。

Section 4

抵巇第四

　　自天地之合离终始①。必有巇隙②，不可不察也。察之以捭阖③，能用此道，圣人也。

　　圣人者，天地之使④也，世无可抵⑤，则深隐而待时，时有可抵，则为之谋。可以上合，可以检下。能因能循，为天地守神。

　　【注释】

　　①合离终始：合离，指事物的结构。终始，指事物的过程。即事物的发展变化。

　　②必有巇隙：万事万物的结构与过程中，矛盾普遍存在。

　　③察之以捭阖：要用捭阖术来观察分析万物。

　　④天地之使：天地的使者。

　　⑤抵：这里指漏洞。

【译文】

自从天地形成以来，变化发展，从而出现缝隙，不可不慎重观察。因此要用捭阖之术去明察世道。善于运用这种方法的人，就是圣人。

圣人，是上天派来的使者，假如世上没有漏洞，没缝隙可堵时，就深深隐藏等待时机；一旦有漏洞，需要堵塞时，圣人就挺身而出为国家出谋划策。圣人可以抵塞缝隙，配合明君，辅佐他治理天下；也可以抵而得之，把天下归为己有。圣人能够遵循这个道理，是天地之间的守护神。

【感悟】

鬼谷子认为，圣人是上天派来的使者，能够努力地将国家即将出现的裂缝弥补起来，不给人民带来灾难，这就是圣贤之人的使命。

第五章

飞箝

　　"飞箝"是一种谋略之术，讲的是说服人的谋略，就是用语言诱使对方说话，然后以褒奖的手段箝住对方，使其无法收回。飞箝术可以用于人与人之间的关系，也可以用于分析各国天时、地利及人和等各方面情况，达到和对方建立密切关系的目的。

1

飞箝①第一

凡度权量能，所以征远来近②。立势而制事，必先察同异别是非之语，见内外之辞③，知有无之数；决安危之计，定亲疏之事。然后乃权量之。其有隐括，乃可征④，乃可求，乃可用。

引钩箝之辞，飞而箝之。钩箝之语，其说辞也，乍同乍异。其不可善者⑤，或先征之，而后重累；或先重以累，而后毁之；或以重累为毁，或以毁为重累。

其用或称财货、琦玮、珠玉、璧白、采色以事之，或量能立势以钩之⑥，或伺候见涧而箝之，其事用抵巇⑦。

将欲用之于天下⑧，必度权量能，见天时之盛衰，制地形之广狭，岨险⑨之难易，人民、货财之多少，诸侯之交，孰亲孰疏，孰爱孰憎，心意之虑怀，审其意，知其所好恶，乃就说其所重⑩，以飞箝之辞钩其所好，以箝求之。

用之于人，则量智能，权财力，料气势，为之枢机，以迎之，随之，以箝和之，以意宣之⑪，此飞箝之缀也。

用之于人，则空往而实来，缀而不失，以究其辞。可钳而从，可钳而横；可引而东，可引而西；可引而南，可引而北；可引而反，可引而覆⑫。虽覆能复，不失其度⑬。

【注释】

①飞箝：意为先以为对方制造声誉来赢取欢心，再以各种技巧来钳制他。

②征远来近：使远近贤士归附。

③见内外之辞：发现言辞所表达的情感之虚实。陶弘景注："外谓浮虚，内谓情实。"

④征：征召。

⑤其不可善者：难以用钩箝之辞促其善变的。嘉靖抄本"善"作"差"。

⑥或量能立势以钩之：有时揣量对方才能，确立去就、纳拒之势以诱引之。

⑦其事用抵巇：运用钩箝之术要以抵巇之法配合使用。

⑧用之于天下：以飞箝之术进行外交活动，说动帝王，影响天下。

⑨岨险：也作阻险，险峻的地势。

⑩乃就说其所重：在其所重视的事理上说。或可理解为陈

述其优势所在。

⑪以迎之，随之，以箝和之，以意宜之：先主动接近对方，而后随之，顺应对方思路，并有意识地附和之使其适应。

⑫覆：颠倒，颠覆。

⑬度：哲学上指一定事物保持自己质的数量界限。在这个界限内，量的增减不改变事物的质，超过这个界限，就要引起质变。

【译文】

凡是揣度人的权谋，衡量人的才能，都是为了征召天下远近有才能的人。当人才应召而来时，要确定自己的意向，建立赏罚制度，首先必须详察他们之间的相同和不同之处，辨别他们言行是非与审察他们真实的言辞和虚浮的言辞，了解他们每个人的道术、方术是否可行，是否有高超的计谋韬略。试探他们如何决断国家安危的基本大计，并且决定君臣间的亲疏关系，然后就可以进行权衡，了解谁有能力谁没有能力。接着矫正他们的不足之处，这样就可征召，可求其谋，就可用其才。

采取方法引诱谈话者说出实情，然后加以判断，用甜言巧语褒奖和推崇他们，进而钳制他们，使他们为我所用。这种用于引诱他人真话的飞箝之语，在外交辞令上有时一样，有时不一样。对于那些用飞箝之辞不能驾驭的人，有的可以先征用他，然后反复加以考验。有的先给以反复考验，挑出毛病，而加以诋毁。有的认为反复考验就是诋毁，有的认为诋毁就等于反复考验。

　　准备征用的人可以用财物、珠宝、玉璧、丝绸、美色来引诱他，以便加以考验。或者权衡考察他的才能大小，给以一定的名利地位考验他，做出或收留或不收留的样子来控制他；或是在使用过程中，观察他的言行，找出小错误乘机钳制他。其方法是用抵巇之术。

　　如果要将"飞箝"之术运用到治理国家上，辅佐天下君主成就大业时，一定要先考虑这位君主的权谋，衡量他的才能，观察天时的盛衰，了解、掌握地域的宽窄、山川的险峻与难易，人民财物的多少，诸侯之间交往的关系，究竟谁跟谁亲密，谁跟谁疏远，谁与谁要好，谁与谁有仇恨，也必须了解清楚。要详细知道他心里关心的是什么，想的是什么，审察他的真正意图，了解他爱好什么、厌恶什么，然后就对他最关注的事情进行游说。用引诱之辞投其所好，进一步控制住他。

　　如果把"飞箝"之术运用于人，就要揣度对方的智能，权衡对方的才气实力，估量对方的气势，把这些作为关键去迎合他、顺随他，或以钳制之法调和他，用我们的意图去开导启发他，这就是用飞箝之术去控制人，从而得到诸侯之权，为己所用。

　　假使用"飞箝"之术说服一些有才干的贤能之士为我所用，就要先用言辞赞美歌颂对方，让对方随我所愿，使对方能心悦诚服地来为我效劳。研究对方的言辞，摸准他的心意，进而控制对方，这样就可钳制对方使他直行，使他横走，导引他或向东，或向西，或向南，或向北。也可引向反面，也可把他引向倾覆。虽然覆败，但还能重新振作，不论如何做，都要把握好一定的度。

【感悟】

积极地发现别人的优点，扬人之长，是观察、分析、判断一个人的着眼点。从言论、感情和行为上对这个人加以刺激，使其产生感恩的心理，有利于使其归附。

运用飞箝之术去说服上层人物，要仔细估量对方的智能，权衡对方的财力，揣度对方的气势，以迎合顺随的态度去获得对方的信任，然后对方才能听从你的计谋。

第六章

忤合

"忤合"讲的是灵活应变的谋略，鬼谷子认为，世间的事物没有永远高贵的，也没有永远居于权威地位的，圣人应该"无所不作""无所不听"，使用"忤合"之术达到自己的目的。

忤合^①第一

凡趋合倍^②反，计有适合。化转环属，各有形势。反覆相求，因事为制。

是以圣人居天地之间，立身、御世、施教、扬声、明名^③也，必因事物之会，观天时之宜，因知所多所少，以此先知之，与之转化。

世无常贵，事无常师。圣人常为，无不为，所听，无不听。成于事而合于计谋，与之为主。合于彼而离于此，计谋不两忠，必有反忤^④。反于此，忤于彼；忤于此，反于彼，其术^⑤也。

用之于天下，必量天下而与之；用之于国，必量国而与之；用之家，必量家而与之；用之身，必量身材能气势而与之。大小进退，其用一也^⑥。必先谋虑计定，而后行之以飞箝之术。

【注释】

①忤合：忤，抵触、悖逆的意思。合，符合、不违背的意思。忤合，在这里是指以忤求合，先忤后合。

②倍：通"背"。

③明名：彰明名分。

④忤：有意模糊或错置双方的分歧点。

⑤术：指反忤之术。

⑥大小进退，其用一也：事大事小，欲进欲退，运用反忤之术的道理是一样的。

【译文】

无论是凑上前去迎合人，还是转过身来背离他，计谋都要得当。事物的发展变化，就像圆环旋转一样，各自呈现不同的形势。因此，应该反复探求事物的连续性和独立性，根据不同事态，制定不同的措施。

圣人在天地之间立身处世，其作用就是实施教化，弘扬名声，阐明事物名分，必须依据事物转化的时机，寻找适宜的天时，以此预测需要实施多少政教，根据它们的变化确定自己的方针决策。

世上没有永远高贵的事物，做事情没有永远不变的法则。圣人做的事，没有什么不包括在内的；圣人所听的事，没有什么听不到的。假如哪位君主办事能成功，计谋与己相合，就选择他为自己的君主。这些计谋，如果合于那一方，就会与另一方发生矛盾。计谋不可能对双方都有利。因此必须有"反忤"之术。如果与这一方利益相合，就必然违背那一方的利益；如果违背这一方的利益，就必定适合那一方利益。这是反忤之术的基本法则。

把这种忤合之术应用于天下，必须要先考虑天下的情况，制定措施再决定合于谁。如果应用到诸侯国，一定要先考虑各诸侯国的情况再决定合于谁。如果把它应用到一户人家，必须要先了解这家人的实际情况，再决定合于谁；如果把它应用到一个人身上，必须要考虑那个人的才智、能力、气度，再决定怎样做。无论对象、范围的大小或策略的进退，反忤之术运用的原则都是一致的，一定要先谋划考虑好，心中计谋已定，决定去留，然后用飞钳之术来实现它。

【感悟】

运用忤合之术，要注意言谈的顺逆，有时需要迂回曲折，有时要不怕忤逆人性，力陈事实，坚持真理。当对方认识模糊时不妨寻求暂时合作以进一步观察认识对方，然后再做打算。

Section 2

忤合第二

古之善背向者，乃协四海、包①诸侯，忤合之地而化转之，然后以之求合。故伊尹②五就汤，五就桀③，然后合于汤。吕尚④三就文王、三入殷，而不能有所明，然后合于文王。此知天命之箝，故归之不疑也。

非至圣人达奥，不能御世；不劳心苦思，不能原事；不悉心见情，不能成名；材质不惠，不能用兵；忠实无真，不能知人。故忤合之道，己必自度材能知睿，量长短、远近孰不如，乃可以进，乃可以退；乃可以纵，乃可以横。

【注释】

①包：容纳。

②伊尹：传说中的商朝贤相，因辅佐商汤灭夏桀名世。《孟子·告子下》："五就汤、五就桀者，伊尹也。"

③桀：名履癸，夏朝暴君，为商汤所败，夏朝因之灭亡。

④吕尚：辅弼武王灭商建周，封于齐，是齐国的始祖。姜姓，吕氏，名望。尚，一本作"望"。

【译文】

古代善于实施忤合之术的人，能够协调天下各种势力，包举天下诸侯，在或者相违背或者相和合的不同地方变化转动，然后选择明君，与他合作共事。所以，伊尹曾五次辅佐商汤，五次辅佐夏桀。然后才决定辅佐商汤夺取天下。吕尚曾三次辅佐文王成就霸业，三次臣服殷纣王。这是他们能知天命，所以就毫不怀疑地归附明主。

如果不能像圣人那样品行高尚，通达高深的道理，就不能立身处世，治理天下。不能聚精会神地苦苦思索，就不能探究事物的本来面目。不能尽心全力地去观察事物实情，就不能功成名就。如果自己才能气质不佳，不够聪明，就不能用兵；为人忠厚朴实没有真知灼见，就不能真正了解人。所以要用"忤合之术"，自己必须估量一下自己的才能智慧，衡量一下自己的长处和短处，看哪方面他人不如自己，然后才可以决定自己是从政，还是隐退，才可以决定是采取合纵还是连横的策略。

【感悟】

客观事物变化多端，要尊重客观规律，从实际出发，对时势做深刻的分析，同时要突破常规思维，随机应变，清醒地估量自己的长短优势，只有这样才能进退自如地运用忤合之术。

第七章

揣 篇

　　所谓"揣"，就是揣测。鬼谷子认为，一个好的谋士，必须要善于揣测人的心理和事物的状态。包括国家的发展趋势，诸侯国的强弱，百姓的多少、贫与富等，只有做好"揣测"，才能更好地审时度势，权衡利弊得失。

Section 1

揣^①篇第一

古之善用天下者^②，必量天下之权^③而揣诸侯之情。量权不审，不知强弱轻重^④之称；揣情不审^⑤，不知隐匿^⑥变化之动静^⑦。何谓量权？曰：度于大小，谋于众寡^⑧，称货财之有无，料人民多^⑨少、饶乏^⑩，有余不足几何，辨地形之险易，孰利孰害；谋虑孰长孰短；揆君臣之亲疏，孰贤孰不肖；与宾客之知睿，孰少孰多？观天时之祸福，孰吉孰凶？诸侯之交，孰用孰不用？百姓之心，去就变化，孰安孰危？孰好孰憎？反侧，孰辩能知。如此者，是谓量权^⑪。

【注释】

①揣：推测对方的心理。

②善用天下者：善于左右天下大势的人。

③权：势，指所处的环境与地位。

④强弱轻重：强弱，指对方的虚实状况。轻重，指对方在周围环境中所处地位的轻重。

⑤揣情：估测情感心态。

⑥隐匿，隐藏，躲起来。

⑦动静：本指行动与止息，文中指具体的情况、消息。

⑧众寡：指人心向背，政治条件优劣。

⑨料人民多：道藏本脱"料人民多"四字，据别本补。

⑩饶乏：富饶和贫乏。

⑪量权：道藏本作"权量"，据嘉庆本校改。

【译文】

古代善于利用天下情势，处理天下纷争，操纵天下局势的人，一定要衡量天下的权势，揣测诸侯的真实意图。如果不能详细慎重地衡量天下权势的变化，就不能够知道诸侯各国的强弱虚实的力量对比；如果对各诸侯的真实想法揣测得不够周密细致，就不能了解隐蔽变化的状况和不断变幻的情况。

什么叫量权？量权就是：要估量国家的大小，考虑其兵力的多寡，估量一下这个国家财货的有无、人民数量有多少、是贫穷还是富有？哪些方面有余？哪些方面不足？分辨地形的险峻与平坦，哪里有利哪里有害？谋略方面，哪个谋略深远，哪个谋略短浅？君臣之间关系如何？哪一国君主亲近贤良接近小人？宾客的智慧，哪一国缺少智谋，哪一国足智多谋？还要观察天时，观察国家命运的发展趋势，看谁有祸，谁有福，谁凶谁吉？要考察诸侯之间的结盟关系，看哪个可用，哪个不可用？要观察民心向背和变化状况，看哪一方民心安定，哪一方民心思变？看百姓喜爱谁憎恶谁？能反复揣度而懂得这些事情，就叫作"量权"。

【感悟】

揣情旨在掌握对方的内情及个性特点，在充分分析和衡量天下大势的基础上，进一步做出相对准确的判断，才能正确地制定谋略，使对方接受自己的主张。

Section 2

揣篇第二

揣情者，必以其甚喜之时，往而极其欲①也，其有欲也，不能隐其情；必以其甚惧之时，往而极其恶也，其有恶也，不能隐其情。

情欲必失其变。感动而不知其变者，乃且错②其人勿与语，而更问所亲③，知其所安。夫情变于内者，形见于外；故常必以其见者，而知其隐者；此所谓测深揣情。

【注释】

①往而极其欲：顺着对方情绪，把对方的欲求推向极点。

②错：同"措"，措置、搁下。

③更问所亲：向旁人作外围了解。也可以理解为探求对方所喜欢的话题。

【译文】

想要揣测实情，必须在他最高兴的时候前去，而且最大限度地刺激他的欲望。当他一产生欲望，就不能隐瞒真实意图。或者在他最恐惧的时候前去，而且最大限度地增强他的恐惧、厌恶。当他产生恐惧、厌恶时，就不能隐瞒自己的真实意图。

真情欲望必然早在他的情感发生极端变化时不自觉地表现出来，如果感知了他的情感，却还不能了解他的变化，就暂且放开他，不同他交谈，而另去询问他亲近的人，了解他的爱好是什么。感情在内心发生变化的人，必然从外部表现出来。所以必须经常观察他举止的外在表现，而了解他内心隐藏的感情，这就是所说的揣测他人内心深处而揣度真情。

【感悟】

人的真实感情往往都是在极端喜悦或极端恐惧的时候表现出来的，因此要了解一个人的真实情感，只要想方设法使他极端高兴或极端害怕就可以达到目的。

3 / Section 3

揣篇第三

　　故计国事者，则当审权量；说人主，则当审揣①情；谋虑情欲必出于此。乃可贵，乃可贱；乃可重，乃可轻；乃可利，乃可害；乃可成，乃可败，其数②一也。故虽有先王之道、圣智之谋，非揣情、隐匿无所索之。此谋之大本也，而说之法也。常有事于人，人莫先，先事而至，此最难为。

　　故曰："揣情最难守司③。"言必时其谋虑，故观蜎飞蠕动，无不有利害④，可以生事美。生事者，几之势也。此揣情饰言成文章而后论之。

【注释】

①揣：估量。

②数：术。

③揣情最难守司：揣术最困难的在于准确地把握对方实情。

④蜎飞蠕动，无不有利害：微虫的一飞一动，都存在利害关系。

【译文】

谋划国家大事的人，就应当详细衡量权势；如果游说君主就应当周详地揣度他的真实意图。一切谋略情欲，都可用这种揣测之术揣度出来。掌握了这种技术，就能够使人富贵，也能使人贫贱；能够使人受尊重，也能让人被轻视；能够使人获利益，也能让人受祸害；能够使人成功，也能让人失败。其中的揣术道理是一致的。所以说，即使有以前圣明君主的治国方法，有圣人聪明之士的谋略，如果没有揣情之术，就不能揣测那些隐匿的东西，就无法有效地实施策划。揣测之术是谋略的根本游说的法则。善于揣情的人，经常与别人接触谋事，但没有谁能超过他，在事情发生前便能测知将要发生的事件，这是最难做到的。

所以说，揣情术最难掌握，尤其最难掌握别人的内心谋略。因此当看到蚊子的飞动和虫子的蠕动时，都包含着它们的利害关系，能够使事物发生变化。事物发生变化，往往形成一种极微妙的势态。这就是揣情术，揣情讲求修饰言辞，使说词有条理，有煽动性，富于文采，然后再进行论说。

【感悟】

人的内部感情虽然可以隐藏得很深，但人的行为大都同一定的利益相联系，仔细地观察人的言论和行为，从中发现人的真正目的，就好采取相应的行动了。

第八章

摩 篇

本篇与《揣篇》是姊妹篇。"摩篇"讲的谋略是：要像钓鱼一样，一次次地去引诱它作出反应，耐心地等待其上钩，在不知不觉中获得成功。

Section 1

摩篇第一

摩[1]者，符也，内符者，揣之主也[2]。用之有道，其道必隐[3]。微揣之以其所欲，测而探之，内符必应，其应也，必有为之[4]。

故微而去之[5]，是谓塞窌、匿端、隐貌、逃情，而人不知，故能成其事而无患[6]。摩之在此，符之在彼。从而应之，事无不可。

【注释】

①摩：研究琢磨，摩言切近。

②内符者，揣之主也：意谓内情和外部表现相吻合，从而掌握真实的思想和情感活动，是揣摩的主要目的。陶弘景注："内符者，谓情欲动于内，而符验见于外，揣者见外符而知内情，故曰符为揣之主也。"

③隐：潜在的。

④其应也，必有为之：对方的心理反应必然会导致行为反应。

⑤微而去之：悄然离开。

⑥成其事而无患：因为善于混迹藏形，故事成后不会被人猜疑、妒忌，故无患。

【译文】

琢磨试探是揣测的方法，内符是揣测的主体。运用摩意这种揣摩之术是要遵循一条基本原则和规律的，就是必须要隐秘才行。暗中对人实施摩意术，以对方的欲望巧妙地琢磨他，揣测他，他的内心想法必定会表现出来。这种反应一旦表露，必然有所作为。

这时就要略为揣摩而巧妙离开，这就是所谓的"堵塞地窖、隐藏外形、掩饰真情"，也就是把自己深深地隐藏起来，泯灭自己开始的所言所行，而不让人们知道真情，所以事情能成功而没有祸患。在这里对别人实施琢磨试探的摩意术，对方必然有所反应，采取行动，然后就跟从他，应和他并掌握他，这样没有什么办不成的事情。

【感悟】

摩意就是把自己的真实意图隐藏起来，不使对方知道，然后触动对方的情绪使之表现出来，然后制定相应的策略。只要事情做得隐秘，没有不成功的。

摩篇第二

古之善摩者，如操钩①而临深渊，饵而投之，必得鱼焉。故曰："主事日成，而人不知，主兵日胜，而人不畏也。"

圣人谋之于阴，故曰"神"；成之于阳，故曰"明"②。所谓"主事日成"者，积德也，而民安之，不知其所以利③；积善也，而民道之，不知其所以然；而天下比之神明也。

"主兵日胜"者，常战于不争不费，而民不知所以服，不知所以畏，而天下比之神明也。

【注释】

①操钩：拿着钓钩。

②谋之于阴，故曰"神"；成之于阳，故曰"明"：暗中设某为神，公开成事为明。

③其所以利：为什么那样有利呢？有利的原因所在。

【译文】

古代那些善于运用摩意之术的人，就像拿着钓竿面对深渊，把带有鱼饵的钓钩投进水中去，必定能钓上来鱼一样。所以说，掌握摩术，如果主持政事，就会成绩一日比一日更大，但却没有人知道。主持战事，就会每天都能打胜仗，一天比一天取得更大的胜利而不易被人发觉，因而没有人畏惧。

圣人在暗中运筹帷幄，而称为"神"。成事在公开处，而称为"明"。所说的主持政事一天比一天取得成效，是由于积累德政，使人民安居乐业，却不知是谁给予的利益和好处的缘故；积累善行，人民都顺从遵循着做，却不知道为什么这样做。而天下人把这样的圣智之人比作"神明"。

所说的主持军事日胜的人，他们经常是不战自胜，不劳民伤财，使百姓不知不觉地归顺，不知不觉地畏惧，还不知道为什么，因此天下人就把这使用摩术的做法比作"神明"。

【感悟】

如同钓鱼一样，鱼吃着饵还不知是在钓鱼，运用摩意之术，贵在做到神不知鬼不觉，让人在不知不觉中就接受自己的主张。要做到这一点，必须暗中进行谋划，而后以公开的方式摆到明处来运用，让人自愿地随我之意上钩。

摩篇第三

摩者：有以平，有以正，有以喜，有以怒①，有以名，有以行，有以廉，有以信，有以利，有以卑。

平者，静也②；正者，直也③，喜者，悦也，怒者，动也，名者，发也④，行者，成也⑤，廉者，洁也，信者，明也，利者，求也，卑者，谄也。

故圣所独用者，众人皆有之，然无成功者，其用之非⑥也。故谋莫难于周密⑦，说⑧莫难于悉听⑨，事莫难于必成。此三者⑩，然后能之。

【注释】

①有以喜，有以怒：喜即欣喜，怒即激怒。这里指不同人的情感方式。

②平者，静也：态度上平心静气。

③正者，直也：正中就是语言上要辞直义正。嘉庆本"直"作"宜"。

④名者，发也：名声贵在发扬。据旧注："名贵发扬，故曰'发'也。"

⑤行者，成也：行动贵在成功。据旧注："行贵成功，故曰'成'也。"

⑥其用之非：他们运用的不正确。

⑦周密：周全、谨密。指思维缜密，没有疏漏。

⑧说：游说。

⑨悉听：全部接受，不会生疑。陶弘景注："说不悉听则违顺而生疑。"

⑩此三者：指谋而周密、说而悉听、事而必成三者。

【译文】

在运用揣摩之术时，对不同对象采用不同方法，有的用平和，有的用正直，有用使人高兴的，有用愤怒激将的，有用名声引诱的，有用行为逼迫的，有用廉洁感化的，有用信义说服的，有用利益诱惑的，有用谦卑对待的。

平和就是安静，正直就是刚正直率，讨好就是喜悦，愤怒就是恫吓，名声贵在发扬，行动贵在成功，廉洁就是清高，信义就是光明正大，利益就是追求，谦卑就是谄媚。

所以说，圣人所独自运用的"触摩之术"，众人都运用，然而众人都不能成功，那是由于他们运用得不正确。运用谋略最难做到的是周密详细，游说最难做到的是使对方全部听从自己的意见，做事最难达到的是一定成功。这三件事，只有掌握了触摩术的圣人才能做到。

【感悟】

人有七情六欲，而七情六欲总会以一定形式反映出来。以喜怒哀乐、名利廉信去触探他人的内心世界而看其如何反应，就可以了解这个人，进而采取相应的策略影响或控制他。

摩篇第四

故谋必欲周密^①，必择其所与通者说也^②，故曰："或结而无隙^③也。"夫事成必合于数，故曰："道、数与时相偶者也。"

说者听必合于情，故曰："情合者听。"

故物归类：抱薪趋火，燥者先燃；平地注水，湿者先濡。此物类相应，于势譬犹是也，此言内符之应外摩也如是。故曰："摩之以其类，焉有不相应者？"乃摩之以其欲，焉有不听者？故曰："'独行之道^④'。夫几者不晚^⑤，成而不抱，久而化成。"

【注释】

①周密：周全、谨密。指思维镇密，没有疏漏。

②必择其所与通者说也：要选择与情感沟通、需求一致的人说谋。

③结而无隙：心理吻合，思想默契，没有矛盾。

④独行之道：只有圣人才能运用的揣摩之术。

⑤几者不晚：见机而作，不失时宜。

【译文】

谋划要想周密，一定要选择理解自己的人一起谋划，所以说结交亲密就没有嫌隙。做事想成功，一定要符合揣摩之术。所以说道理、权术与时机三者必须相合，才能成事。

游说想要让人听从，一定要与对方思想感情相合，所以说感情相合别人才会言听计从。

所以世上万物都各归其类，比如把柴草抛向火中，干燥的必定先燃烧；往平地倒水，湿的地方水先被引过去。这就是物类互相应和的原理，在形势上也必然是这样。这就是说在外部触摩试探，必定会得到内心的应和。因此说用同类的想法去触摩试探，哪有对方不相互呼应的呢？顺着他的欲望去触摩试探，哪有不听从的呢？所以说触摩试探术是谋士的秘术，是唯一能行得通的办法。因而，见到事物的细微迹象便不失良机地采取行动，并不算晚。事情成功了而不自恃自喜，不被功名所束缚，久而久之定能达到教化天下的效果。

【感悟】

世界上万事万物都有各自的规律，按照不同的性质来实施"摩"之术，天长日久就一定会成功，这就是"内符"和"外摩"相适应的道理。

第九章

权 篇

　　本章讲的是游说的谋略，鬼谷子认为：说话稳健的人，透出果敢和勇气；言语充满忧虑的人，会权衡利弊而令人信任；说话雍容镇静的人，辩论反而能取胜。鬼谷子在这里讲述的说话原则，曾影响了古今无数的善辩之士。

权^①篇第一

说者^②，说之也；说之者，资之^③也。

饰言^④者，假之也；假之者，益损^⑤也。

应对者，利辞也；利辞者，轻论也。

成义者，明之也；明之者，符验^⑥也。

难言者，却论也；却论者，钓几^⑦也。

佞言者，谄而于忠；谀言者，博而于智；平言者，决而于勇；戚言者，权而于信^⑧；静言者，反而于胜。

先意成欲者，谄也；繁称文辞者，博也；策选进谋者，权也；纵舍不疑^⑨者，决也；先分不足^⑩而窒非者，反也。

【注释】

①权：本意是秤砣，天平上用的砝码，可以衡量物体重量的变化。

②说者：道藏本为"说之者"，据乾隆本、嘉庆本改。以陶弘景注"说者，说之于彼人也"一句观之，也应无"之"字。

③资之：意谓要使他人接受，就要利用他人的思想情绪，借助他人的思维和行为方式。资，利用、借助。

④饰言：即修饰辞令，运用修辞、逻辑手段曲折表达自己的看法。

⑤益损：强化和弱化。强化语言力量，弱化心理障碍。

⑥符验：得到印证。此下嘉庆本有"言或反覆，欲相却也"之句，系以注文作正文之误。

⑦钓几：诱出心中隐秘。陶弘景注："求其深微曰钓也。"

⑧戚言者，权而干信：这句意思是说，戚言就是以为人着想、策选进谋来求取诚信的名声。陶弘景注："戚者，忧也，谓象忧戚而陈言也。"

⑨疑：道藏本作"宜"，据嘉庆本改。

⑩先分不足：自己有所不足之处。

【译文】

所谓游说，就是劝说别人听从自己的主张；劝说别人，就要凭借利用其思想情绪。

修饰言辞，就要借助例证充实言辞的力量。借助言辞，就要增减话语以适合对方心理。

回答对方的疑问和诘难，一定要使用锋利的言辞；锋利的言辞，就是轻便灵活。

阐明主张的言辞要顺理成章，是为了便于人听懂。使人明白易懂，是为了与事实相符，用事实来验证。言辞或有反复使用的情况，是为了打消对方疑虑。诘难的言辞，是为了反驳别人的言论。反驳的目的是引诱对方说出心中所隐藏的机密。

用花言巧语说辞的，是想谄媚而得到忠心耿耿的美名；用阿谀奉承的说辞，是想炫耀说辞而得到聪明的美名；采取直来直去的言辞，是为了显出果决的样子，得到勇者的名声；故作忧愁的说辞，是想以装腔作势的方式得到忠信的名声；用稳重沉着的姿态说辞的，自己本有不足，想借助反驳别人来取得胜利。

在对方的意愿欲望还没有说出之先，就摸准了他的心愿，去迎合他、满足他的欲望，这就是"谄"。言谈时博采辞藻来炫耀的就是"博"；精选谋略而进献策略的，就是"权"；进退果断，该说则说，该止则止，毫不犹豫地表示态度，就是"决"；掩饰自己的不足，反过来责备他人的缺陷过错，这就是"反"。

【感悟】

想说服别人听从自己的主张，要用犀利的言辞陈述其中的利害，要让对方知道一意孤行的严重性，打动对方，使其自愿采纳自己的建议，按自己的意图办事。

2 / *Section 2*

权篇第二

　　故口者，几关也[①]，所以闭情意也。耳目者，心之佐助也，所以窥间见奸邪。故曰："参调而应，利道而动。"故繁言而不乱，翱翔而不迷，变易而不危者[②]，观要得理[③]。

　　故无目者，不可示以五色，无耳者，不可告也五音。故不可以往者，无所开之也；不可以来者，无所受之也。物有不通者[④]，故不事也。古人有言曰："口可以食，不可以言。"言者，有讳忌也。众口铄金[⑤]，言有曲故也。

【注释】

①口者，几关也：嘴是表达或隐瞒事情的器官。

②繁言而不乱，翱翔而不迷，变易而不危者：此句意即繁言纷乱思路不乱，思维开阔方向不迷，变易常改却不陷入险境。

③观要得理：抓住要害，掌握真理。

④物有不通者：指思想交流受阻。

⑤众口铄金：意谓一旦形成舆论，可以混淆是非，颠倒黑白。

【译文】

口是说话的器官，是用来倾吐和封闭内心情感的。耳朵、眼睛是心的辅佐器官，其作用是窥探事物的矛盾，发现奸邪的人和事。因此说，口、眼、耳三者要协调呼应，引导人们按照客观事物的发展规律去行动。所以，三者只要协调了，言辞虽繁多却不会纷乱；到处自由活动，在高空中四处飞动而不迷失方向；情况千变万化也不会发生危险。这是因为认清了事物的主旨，抓住了问题的关键，掌握了事物的发展规律。

所以眼睛看不见的人，不可以拿五色给他看；耳朵听不到的人，不可以拿五音给他听。不可以结交的原因是因为无法开通对方的心扉；不可以接纳的原因是无法使对方接受。像这样不能通窍的人和事物，圣人是不会去侍奉的。古人说过这样的话："嘴可以随便吃东西，不能随便说话。"说话就会触碰许多忌讳。这就是所谓众口铄金，因为言语有时也会歪曲事实。

【感悟】

每个人都有自己的忌讳，在言谈中如果不注意这个问题，就会触到别的人痛处，引起别人的反感。因此在言谈中不要忘乎所以，触及别人的忌讳，破坏彼此的友好关系。

Section 3

权篇第三

　　人之情，出言则欲听，举事则欲成。是故智者不用其所短，而用愚人之所长；不用其所拙，而用愚人之所工，故不困也。言其有利者，从其所长也；言其有害者，避其所短也。故介虫①之捍②也，必以坚厚；螫虫之动也，必以毒螫。故禽兽知用其长，而谈者知用其所用也。

　　故曰：辞言五：曰病、曰怨、曰忧、曰怒、曰喜。故曰：病者，感衰气而不神③也；怨者，肠绝而无主④也；忧者，闭塞而不泄也；怒者，妄动而不治⑤也；喜者，宣散而无要⑥也。此五者，精则用之，利则行之⑦。

　　【注释】

　　①介虫：有甲壳的虫。

　　②捍：原本作"悍"，据他本校改。

③感衰气而不神：意即语言恍惚无力，缺乏精神。

④怨者，肠绝而无主：意即怨忧内动思绪紊乱，缺乏主张。怨，别本作"恐"。

⑤妄动而不治：语言冲动，缺乏理智。

⑥宣散而无要：言语散漫，缺乏要领。

⑦精则用之，利则行之：情绪适度，思虑细化，为"精"；便于达意，增强说服力，即"利"。

【译文】

人之常情是只要说出话来都想有人听，做事都希望成功。所以聪明的人都不用自己的短处，而采用愚蠢人的长处；不用自己笨拙的一面，而采用愚蠢人工于技巧的一面，所以聪明的人做起事来不会陷入困境。

说出对对方有利的方面，是为了发挥他的长处；说出对对方有害的因素，是为了避开他的短处。因此那些甲壳动物保护自己，一定要用自己坚厚的甲。那些有毒螫的昆虫行动时，必定使用毒螫刺伤对方。可见禽兽都知道如何使用自己的长处，而对于游说的谋士来说，就更应该懂得如何利用自己的优点来达到目的。

所以说，游说中的言辞有五种，即病言、怨言、忧言、怒言、喜言。这五种有其一种，必然会失去中正平和，并导致游说不顺利。所谓病言，就是言谈中气力不足，没有神气像病人一样；所谓怨言，就是言语中显出伤心过度，说出没有主见的话；所谓忧言，就是言语中情志忧郁，说了思路不连贯的话；所谓怒言，就是像人怒火攻心，胡乱发泄而说出没有条理狂妄自大的话；所谓喜言，就是言谈中心情欢快、得意忘形而说出一些散漫毫无要领的话。

这五种言辞，只有精通它才能运用它，在情况有利时才能实行。

【感悟】

我们每个人都有自己的长处和短处，于己而言，就要避开自己的短处，充分发挥自己的长处；于人而言，即使别人比较愚蠢也必有其可取之处，那么就应避开别人的短处，而用其可取之处。

Section 4

权篇第四

故与智者言，依于博①；与拙②者言，依于辨③；与辨者言，依于要④；与贵者言，依于势；与富者言，依于高⑤；与贫者言，依于利；与贱者言，依于谦；与勇者言，依于敢⑥；与过者⑦言，依于锐。

此其术也，而人常反之。是故与智者言，将此以明之；与不智者言，将此以教之，而甚难为也。故言多类⑧，事多变。故终日言，不失其类，故事不乱。终日不变，而不失其主。

故智贵不妄⑨，听贵聪⑩，智贵明⑪，辞贵奇⑫。

【注释】

①博：知识渊博，见多识广。

②拙：拙纳，不善言谈。

③辨：嘉靖抄本作"辩"，即口辩。意谓与拙于言辞的人

说谈，要充分发挥口辩能力。

④要：简明扼要。

⑤高：此指精神高度集中。

⑥敢：果敢，积极进取。

⑦过者：有过失和缺点的人。

⑧故言多类：因此论说有多种类型。类，通戾，意思是失之偏颇。

⑨智贵不妄：智，指聪明人；贵，可贵，宝贵；妄，胡乱的意思。

⑩聪：敏锐。

⑪明：明断。

⑫奇：巧妙。

【译文】

跟聪明人说话，就要依靠渊博的知识；跟不善言谈的人交谈，就要靠能言善辩；跟能言善辩的人交谈，要简明扼要；跟地位高贵的人说话，要依靠气势；跟有财富的人说话，要显示出高雅廉洁；跟贫穷的人说话，要讲求实际利益；跟地位低贱的人说话，要态度谦恭；跟勇敢的人说话，要显示果断；跟愚蠢的人说话，要直接尖锐。

这就是说话的技巧，但是，人们常常反其道而行之。因此跟聪明的人谈话就用这些技巧去开导他；如果跟愚笨的人谈话就用这些技巧去教导他，却很难办到。因此论说有很多种类，事情也变化万千。整日说辩只要不偏离各种言辞的原则，那么所议论的事就会有条不紊。终日变化所论之事，也不会迷失论说的主题。

因此聪明的人最可贵的在于言谈中不妄加议论。听人讲话最重要的是听得清楚，智慧最重要的在于通晓事理，说辞最重要的是出人意料。

【感悟】

人的学识和社会背景都是不一样的，对于不同的谈话对象要采用不同的谈话方法。或依于博，或依于辩，或依于势，等等。只要掌握了这些方法，那么无论在谈话中谈论的是哪一方面的事情、在谈话过程中发生怎样的变化，你都会掌握主动权，说话有条不紊。

第十章

谋　篇

　　此篇讲的是谋略。鬼谷子谋略可分为谋政、谋兵、谋交、谋人四个方面。也可分为上谋、中谋、下谋。上谋是无形的谋略，中谋是有形的谋略，下谋是迫不得已所使用的下下之策，它也能扶危济困，但费力伤物。以上三种计谋，相辅相成，可以制定出最佳的方案。

Section 1

谋^①篇第一

为人凡谋有道^②，必得其所因^③，以求其情^④。审得其情，乃立三仪^⑤。

三仪者，曰上，曰中，曰下。参以立焉，以生奇^⑥。奇不知其所拥，始于古之所从^⑦。

故郑人之取玉也，载司南之车^⑧，为其不惑也。夫度材、量能、揣情者，亦事之司南也。故同情^⑨而俱相亲者，其俱成者也；同欲而相疏者，其偏害者也；同恶而相亲者，其俱害者也；同恶而相疏者，偏害者也^⑩。

故相益则亲，相损则疏，其数行^⑪也，此所以察同异之分^⑫，类一也^⑬。

故墙坏于其隙，木毁于其节^⑭，斯盖其分也。故变生于事，事生谋，谋生计，计生议，议生说，说生进，进生退，退生制，因以制于事⑮。故百事一道⑯，而百度一数⑰也。

【注释】

①谋：谋划、手段、方法。

②凡谋有道：谋，指设谋、施说、提出主张。道，方法、规律。

③得其所因：得知其因由。因，指历史原因、外部原因。

④以求其情：推知其内情、欲求。

⑤三仪：指上智、中材、下愚而言。

⑥参以立焉，以生奇：假如参考三仪来评论人物，就可以施展卓越的策略。

⑦始于古之所从：并非现在开始的事情，而是自古以来就当作道，人人遵行的事。

⑧司南之车：即指南车，是装置有磁石的车，经常指向南方，以此作为定向之用，比喻判断正确。

⑨同情：与下文"同欲"义同，即情欲、追求一致。

⑩同恶而相疏者，偏害者也：假如二人同时遭受君主憎恨，但两人之间又互相有矛盾，受害者只能是其中一位。

⑪数行：数，术。行，运行。

⑫察同异之分：根据这个来判断异同的原因。

⑬类一也：嘉庆本无此句，道藏本无"其"字。

⑭故墙坏于其隙，木毁于其节："墙"又可写作"缭"，是指环绕住宅周围所建的土墙，恰如墙有一点点小裂痕就有崩毁

的可能；而树是从有疖处开始腐败的，一般人事也是从同或不同的空隙处发生破裂。意谓事物的败坏由内因引起。

⑮制于事：制约着事物的发展。

⑯百事一道：任何事都是一个道理。百事，任何事。一道，同样的道理。

⑰一数：意即同一个道理。

【译文】

凡是谋划策略，必须要知道所面临事情的起因，然后探求它的真实意图。仔细审察研究这些情况，即可制定三仪。

所谓三仪，就是指上、中、下三者。三者相互参验，相辅相成，就能产生解决问题的奇谋良策，奇谋良策无不通达易行，从古代开始就是这样做的。

所以郑国人去山里采玉石时坐着指南车，这是因为有了它就不会迷失方向。考察才干，估量能力，揣摩真情，也都要以一定指导思想为基础。

因此思想相同的人在事后仍旧保持亲密关系，是由于共谋大事取得了成功，大家都得了好处；情欲相同而事后关系疏远的人，是由于他们只有一部分人取得成功，获得了利益。同时被人憎恶而大家关系亲密，是由于大家一起受到了损害。同时被人憎恶而大家关系疏远，是由于只有一部分人受到了损害。

相互获取利益就能保持关系亲密，相互损害对方，就必然关系疏远。任何事情的道理都是这样。用这种方法观察同心还是异心，也是一样的道理。

墙壁倾颓是由于有了缝隙，树木的折断是由于有了节疤，这大概是它们的规律吧。所以事情是由于变化而产生的，事情是由于谋略而造成的，谋略是从计策中产生的，计划是从议论、讨论中产生的，议论是因为游说而产生，游说是因为进取而产生，进取是从退却而发生，退却是由于有制约而产生，因此用节制的办法来处理事情。可见任何事情的处理方式都是一样的，任何计谋的产生法则也都是这样的。

【感悟】

人的交往一般都是以一定的利益为基础的，对自己有利则相互间关系就亲密，对自己有害，相互间的关系就疏远。因此可以根据这个道理去观察人事，分析人事以利益去离间、引诱对方。

Section 2

谋篇第二

　　夫仁人轻货，不可诱以利，可使出费；勇士轻难，不可惧以患，可使据危；智者达于数，明于理，不可欺以诚，可示以道理，可使立功，是三才①也。

　　故愚者易蔽也②，不肖③者易惧也，贪者易诱也，是因事而裁之。故为强者积于弱也；为直者，积于曲也；有余者，积于不足也，此其道术行也④。

【注释】

①三才：指仁者、勇者、智者三种人才。

②愚者易蔽也：愚昧的人容易被蒙蔽。

③不肖：一般是称不孝之子为不肖。这里指不正派、品行不好、没有出息的人。

④此其道术行也：这在于计谋权术的巧妙运用。

【译文】

仁义之人轻视财货，故此不能用私利去引诱他，但可以让他们捐出财物；勇敢的壮士蔑视危难，所以不能用灾患去恐吓他，可以派他去抵御危难；有智慧的聪明人通达礼数，明白事理，不能用虚假欺骗他，可以用道理来晓谕他，使他建功立业。这是三种难得的人才。

愚蠢的人容易被蒙蔽，不肖的人容易被恐吓，贪婪的人易受诱惑，这就应该根据不同的情况采取不同的手段。所以，强是由弱不断累积而形成的，富足是由不足不断积累起来的。这是计谋权术的运用。

【感悟】

不同的人具有不同的强项和弱点，对待不同的人要采用不同的方法，要针对对方的弱点去要挟他，同时要顺随他的脾气和长处去利用他，这样就容易成功。

Section 3

谋篇第三

故外亲而内疏者，说内①；内亲而外疏者②，说外。故因其疑以变之，因其见以然之③，因其说以要之④，因其势以成之，因其恶以权之⑤，因其患以斥之。摩而恐之⑥，高而动之，微而正之，符而应之⑦，拥而塞之，乱而惑之⑧——是谓计谋。

计谋之用，公不如私，私不如结⑨，结而无隙者也。正不如奇⑩，奇，流而不止⑪者也。故说人主者，必与之言奇；说人臣⑫者，必与之言私⑬。

【注释】

①外亲而内疏者，说内：意谓对表面上亲密而内心深处却疏远的人要从内心深处去说动他。外，表面。内，内心。

②内亲而外疏：内里相亲而表面疏远。

③然：肯定，同意。

④因其说以要之：根据对方陈述的意见，归纳其要点，理解其讲话的本意。要，归纳。

⑤因其恶以权之：根据好恶去衡量他。

⑥摩而恐之：揣摩以使之恐惧。

⑦微而正之，符而应之：即用隐微的方法加以验证，使之自我矫正。符而应之，即以符验引证使对方的心理响应。

⑧拥而塞之，乱而惑之：拥而塞之，即用有意蒙蔽的方法去堵塞对方。乱而惑之，即以扰乱的语言去迷惑对方。

⑨公不如私，私不如结：意谓共同的事业不如私下交情，私下交情不如利益关系的一致。公，事公。私，情私。结，利结。

⑩正不如奇：正规的计策不如奇谋。正，常例，常法。古时用兵，以对阵交锋为正，设计袭击为奇。

⑪奇，流而不止：奇法如流水不会止息。

⑫人臣：臣下，臣子。

⑬言私：谈论私人的利益。

【译文】

表面亲近而内心疏远的人，和他交谈，就应当从内心方面去打动他。反之，表面疏远而志同道合的人，则要从外部同他改善关系。要使对方内外都亲，就应当根据对方的疑点来改变自己的计谋，根据对方的见解而肯定他，根据对方的言谈总结出对方的观点，根据对方的势力强弱去成就事业，根据他的好恶去谋划，根据他的忧患来排斥。如果他仍然没有改变，就揣摩他的心意而后去恐吓他，夸大事情的危害性去打动他，用事例证明，用符验引证他。假装拥护而敷衍他，扰乱他的思维，迷惑他的理智，进而控制他，这就是所说的计谋。

策划运用计谋，以公事的方式进行不如私下进行，私下进行不如与之结盟，结成巩固的联盟就没有间隙让敌方钻了。正规策略不如奇妙的策略，出奇计使之无法预料，就像流水一样不能阻止。因此游说人君时，必须先和他谈论奇策，游说人臣时，必须先他谈论私人的个人利益。

【感悟】

要想说动一个人，首先必须要清楚地了解他，看他是个什么样的人，有什么样的喜欢然后再对他实施计谋。以计谋而论，通常策略又不如奇妙的策略效果来得好。

Section 4

谋篇第四

其身内，其言外者，疏^①；其身外，其言深者，危。无以人之近所不欲而强之于人^②；无以人之所不知而教之于人。

人之有好也，学而顺之；人之有恶也，避而讳之，故阴道^③而阳取^④之也。故去之者，纵之，纵之者，乘之^⑤。貌者不美又不恶^⑥，故至情托焉。可知者，可用也^⑦，不可知者，谋者所不用也，故曰："事贵制人，而不贵见制于人^⑧。"制人者，握权也，见制于人者，制命也^⑨。

故圣人之道阴，愚人之道阳^⑩；智者事易，而不智者事难。以此观之，亡不可以为存，而危不可以为安，然而无为而贵智矣。智用于众人之所不能知，而能用于众人之所不能见。

既用，见可，择事而为之，所以自为^⑪也；见不可^⑫，择事而为之，所以为人也。

故先王之道阴。言有之曰："天地之化，在高与深；圣人之制道，在隐与匿。非独忠、信、仁、义也，中正而已矣。"道理达于此义者，则可与言。由能得此，则可与谷远近之义。

【注释】

①其身内，其言外者，疏：身内，关系亲密、交情深厚。言外，说话不交心，只是表面应酬。疏，被疏远。

②无以人之近所不欲而强之于人：意谓不要用人家不需要的强加给人家。

③阴道：秘密谋划。

④阳取：公开夺取。

⑤去之者，纵之，纵之者，乘之：想要除掉的人，就要放纵他，任其胡为，待其留下把柄时就乘机一举除掉他。

⑥貌者不美又不恶：貌者，思想感情的外部表现。不美，不喜形于色。不恶，怨怒不外露。

⑦可知者，可用也：知道对方心理，运用自己谋略，用谋在于知人。

⑧事贵制人，而不贵见制于人：在世上处理任何事情，都贵在能控制别人而不被别人所控制。因为控制了别人，你就掌握了权柄，你就可以以小力而取大功；如果被别人控制了，你就失却了立身处世之道，失去了自主权。

⑨见制于人者，制命也：意谓被人所制，就是命运被人操纵。

⑩圣人之道阴，愚人之道阳：圣人谋划事情，隐而不露；愚人谋划事情，张扬外露。道，谋略，原则。阴，隐秘，隐藏。阳，公开，张扬。

⑪自为：为己考虑。

⑫见不可：于己不利。

【译文】

与关系亲密的人交谈，话语不亲密，关系就会疏远，与关系疏远的人交谈，如果深谈，就会有危险。不可把别人不喜欢的、不想做的强加于人，不要以别人不知道的去教导人。

别人喜欢什么，就应当顺从他；别人讨厌的，就极力避开不去谈论，要用隐而不露的方法获取对方的欢心。要排斥的人就放纵他，以放纵而使他作恶多端，然后乘机除掉他。如果某些人不随便表示喜悦，也不随便表示厌恶，这种人属于冷静而不偏激的人，因此可以把重大的事情托付于他。

能够了解、掌握的人，可以任用他。不能了解、掌握的人，有谋略的人是不会任用他的。做事最重要的在于控制人，而绝对不可以被别人控制。能控制住他人，就掌握了主动权。被别人控制，命运就掌握在别人手中。

圣人用谋隐而不露，愚蠢的人用谋显而易见，聪明人做事比较容易，愚蠢的人猜疑忌恨，做起事来比较困难。由此来看，那些要灭亡的事物是不可以挽回而让它继续存在的，危难局势也无法使它转危为安，只有智慧才是最高明的，智慧的人能知道一般人不知道的事，能发现一般人不能发现的问题。

既然这样，根据情况，能够成功，就选择一些事自己做，为自己打算；如果认为不行，也选取一些事情做，这就是为别人着想。

古代圣明帝王做事的方法隐而不露。常言道：天地变化，在于高深莫测。圣人处世治道的诀窍，在于隐晦不露，并不单纯讲求忠、信、仁、义，只要所用是为了正道即可。能够明白这种道理的真义，就可以和他谈论这些事情，如果能得到此道，就可以探讨天下的大道理。

【感悟】

做事贵在掌握主动权，掌握主动权就能控制别人，不掌握主动权就受制于人；谋事贵在秘而不露而不被人所知，这样事情成功的可能性就大。

第十一章

决 篇

　　此篇是关于决断的专论，与谋篇遥相呼应。鬼谷子认为决断主要着眼于两点：一点是难，一点是利，其实两者相辅相成。这是因为决断之后带来的后果，成功的话，会带来很大的利益，失败的话会带来很大的损失。决断的事情越大，这种利益得失也便越大。

Section 1
决篇第一

为人凡决物，必托于疑者，善其用福，恶其有患①，害至于诱也，终无惑②，偏有利焉。去其利，则不受也，奇之所托，若有利于善者，隐托于恶③，则不受矣，致疏远④。

故其有使失利，其有使离害者，此事之失⑤。

【注释】

①善其用福，恶其有患：无论何人，得到福就高兴，而讨厌遇灾难。可见不论是福还是祸，都应慎重考虑之后，再决定办法。

②终无惑：最终不会陷入疑惑。

③隐托于恶：潜伏危险，隐寓殃祸。

④致疏远：会使意见分歧，关系疏远。

⑤事之失：决断的失误。

【译文】

凡是决断事物，一定要托付给善于决疑的人，人都希望自己有幸福，不喜欢自己有祸患。决疑的人因此要善于诱导，最后消除其疑虑和偏见。如果对方在某一方面有利益，一旦失去这种利益，对方就不会接受。如果对方想从中得到利益，你却把这种利益隐藏在对他不利的表面形式中，他也不会接受，并且会因此而疏远你。

所以，在决策方面如果使对方失掉利益，也有使对方离开灾祸的，这是决断事情的失误。

【感悟】

要想成就一番大事必须有非凡的决断力，智者之所以能够决断正确，处事成功，关键在于深谙事理，善于变通，因人因事而断。

2 Section 2

决篇第二

圣人所以能成其事^①者有五：有以阳德^②之者，有以阴贼^③之者，有以信诚之^④者，有以蔽匿之^⑤者，有以平素之者。

阳励于一言^⑥，阴励于二言^⑦，平素、枢机^⑧，以用四者，微而施之。于是度以往事^⑨，验之来事^⑩，参之平素^⑪，可则决之。

公王大人之事也，危而美名者^⑫，可则决之；不用费力而易成者^⑬，可则决之；用力犯勤苦^⑭，然而不得已而为之者，可则决之；去患者^⑮，可则决之；从福者^⑯，可则决之。

【注释】

①成其事：指决事成功。

②阳德：刚正率直。

③阴贼：狠毒残忍。

④以信诚之：用诚心实意、将心交心的言语，去感动对方。诚，真诚。

⑤以蔽匿之：用稍做保留的、隐实情的方法，去宽容对方。蔽，隐瞒。

⑥阳励于一言：可以明白说出来的话，人前人后要一致。

⑦阴励于二言：不能明白说出来的话，就是阴谋诡计，就人前说一套，以迷惑敌人，人后做一套，说服上司。

⑧枢机：关键因素。

⑨度以往事：以过去的经验来度量。

⑩验之来事：运用将来的事情进行判断。

⑪参之平素：以现实的状况来参照。

⑫危而美名者：意谓事情崇高而能提高声誉的。

⑬不用费力而易成者：代价小而容易成功的。

⑭犯勤苦：经受辛劳和苦难。

⑮去患者：能消除祸患的。

⑯从福者：能带来幸福的。

【译文】

圣人能够成就大事业有五种原因：有的用光明磊落的道德感化人，有的用计谋暗中加害别人，有的用信用和诚实博取别人拥戴，有的用蒙蔽手段掩护他人，有的用公正的方法取信他人。

公开的方法，要尽力做到言语前后一致，讲求信誉；暗中谋事，要真真假假，善于说两种话，使人摸不透自己的真实意图；有时公正，有时机巧。这四种方法都要小心谨慎微妙地加以使用。在决断事情时，要用过去的事进行权量，用将来的事进行验证，用平日的事参验，若可实现，就立刻作出决断。

对于王公大人之事，如属充满危险，但成功之后却能赢得美名之事，一旦合适，就可为其作出决策；不用费力却极易成功者，也可为其决策；虽需花费功夫，忍受劳苦艰辛，却又不得不做，也必须为其作出决策；属于排忧解难之事，如果可行，就要为其作出决策；属于追求幸福之事，只要合适，也得为其作出决策。

【感悟】

决断事物，要从事物前后及发展中加以考察和分析，以过去经验作为决策的依据，以现实条件为参照，从而判断事物未来的发展趋势，进而作出正确的决断。

Section 3

决篇第三

故夫决情定疑，万事之机[1]，以正乱治[2]，决成败，难为者[3]。故先王乃用蓍龟[4]者，以自决也。

【注释】

①决情定疑，万事之机：意谓决情、断事、定疑，是万事的关键。机，关键。

②乱治：肃清动乱。

③难为者：很难有所作为的。

④蓍龟：蓍，蓍草，多年生草本植物；龟，龟甲。两者都是占卜工具。

【译文】

所以，判明情况，解决疑虑，乃是万事之根基。拨乱反正，决定着事情的成败，但这实在是很困难的。因此，即使是圣明的先王，也往往要借助于蓍草、龟草等卜易工具，来帮助自己作出决断。

【感悟】

决断事情，解决疑难，是成就事业的关键，但也是非常困难的事情，为此，一定要慎重考虑。鬼谷子认为，无论是做什么事情，要解决自己不懂的问题，做一个决策，都是非常不容易的。它需要知识的积累，人生的经验，还有大脑的反应等一系列东西的快速动作，才能做出决断。即使如此，也不一定正确。所以，鬼谷子站在当时的角度认为，只有占卜才能解决这个问题。

在科学尚不发达的古代，人们敬畏天地，认为只有上天才能拯救人类，显然，这种说法是不正确的。这反映了鬼谷子的时代局限性，也是我们今天应该注意的。

第十二章

符 言

在本章，鬼谷子教导君王们，在治理天下时，应具有高瞻远瞩的胆略、赏罚分明的智慧以及察纳雅言的胸怀。

Section 1

符言^①第一

安、徐^②、正、静，其被节^③无不肉。善与而不静，虚心平意^④以待倾损^⑤。有主位^⑥。

目贵明，耳贵聪，心贵智。以天下之目视者，则无不见；以天下之耳听者，则无不闻；以天下之心虑者，则无不知。辐凑并进，则明不可塞。有主明^⑦。

【注释】

①符言：是指言语和事实像符契一般完全吻合，符是符契、符节。也有人认为所谓"符言"，就是"会符之言"的简称。

②徐：静的意思。

③被节：被是赶上的意思。被节是赶上他人的节度。

④虚心平意：要有胸怀，意念要开朗。

⑤待倾损：对待倾轧和损害。

⑥主位：身居君主之位的人，应保持安、徐、正、静的态度。

⑦主明：身为君主应明察，要用天下之耳来观察。

【译文】

人君如果能做到安详、从容、正派、宁静，那么他怀有的道德就会淳朴敦厚。善于结交而不能安静，就要使心意虚静平定，以防备倾损。能做到以上的就能保持君主的地位，这就是主位权术。

眼睛最重要的功用在于善于察看事物，耳朵最重要的功用在于灵敏，心灵最重要的功用在于善于思考。如果能利用天下人的眼睛来观察，就没有看不见的事物；如果能利用天下人的耳朵来听，就不会有什么听不见的；如果能用天下人的智慧来思考，就没有什么不知道的。就能像车辐集中于车毂那样集中起各种人才的力量，君主的圣明便谁也不能蒙蔽了。做到以上所讲的就能保持君主的明察。

【感悟】

做君主的要加强自己的修养，以达到耳聪、目明、心智，并且轻易不把自己的想法表露出来，使人难以了解他的真实意图，以免别人投其所好，最后落入他人设置的陷阱。

Section 2

符言第二

德之术曰：勿坚而拒之①。许之则防守②，拒之则闭塞③。高山仰之可极，深渊度之可测。神明之位术正静，其莫之极欤？有主德④。

用赏贵信，用刑贵正。赏赐贵信，必验⑤耳目之所见闻，其所不见闻者，莫不暗化矣。诚畅于天下神明，而况奸者干君。有主赏⑥。

【注释】

①勿坚而拒之：如果听信众人之言，要广泛接受而不加拒绝，这才是为人君的最重要态度。

②许之则防守：假如听信他人之言，众人就会归服保卫君主，也就是能转危为安。

③拒之则闭塞：假如拒绝采纳臣民的进言，那么民心必然

离叛，使君主和臣民之间的通路闭塞。

④主德：君主对于听信人民言论之术，必须具有广大的胸襟度量。

⑤验：与证据互相对照，以便明了真相。

⑥主赏：君主一定要赏罚必信。

【译文】

培养听的原则是：不要坚决拒绝任何意见，不要随便就接受任何意见。如果答应对方就要信守；轻易拒绝别人意见，就闭塞了自己的视听。仰望高山可以看到山顶，测量深渊可以测到其深浅，只要神明的君主其听之术正直而宁静，便没有谁能够探测出他的底蕴。能做到以上所讲的就算有德了。

对臣民实行奖赏贵在恪守信用，实行刑罚贵在公正合理。赏罚分明，要从耳目所见所闻的事物做起，加以验证，这样即便那些远离自己的人也能在暗中受到影响。人君的诚心如果能畅达于天下，连天上神明都会受感化，又何必惧怕那些奸邪之徒冒犯呢？以上讲的是怎样实行奖赏和刑罚。

【感悟】

赏刑是君主用以治理天下的两大手段，而赏贵在讲信用，言出必赏，刑贵在讲公正适度，有犯必惩。欲治民必先治官，官正而后民顺，只要这两个方面做得好了，那么天下也就能够太平了。

Section 3

符言第三

一曰天之，二曰地之，三曰人之。四方、上下、左右、前后，荧惑①之处安在？有主问②。

心为九窍③之治，君为五官④之长。为善者，君与之赏；为非者，君与之罚。

君因其政之所以求，因与之，则不劳。圣人用之，故能赏之。因之循理，固能久长。有主因⑤。

【注释】

①荧惑：即火星。

②主问：为人君者问，必须得到天时、地利、人和。

③九窍：是出入空气的小穴，人头上共有七个小穴，口、两耳、两眼、两鼻孔。也称为"七窍"。另外加上两个便孔，称为"九窍"。

④五官：指人的五种感官能力，即：视、听、味、嗅、触。

⑤主因：君主最主要的是服从真理。

【译文】

君主的询问范围，应包括天文、地理、人事三个方面。四方、上下、左右、前后的情况都要加以了解，那就不会有什么被蒙蔽迷惑的事了。以上讲的是怎样询问。

心是身体各种器官的统帅，君主是百官的主宰。做好事的臣民，君主就应赏赐他们；对于做坏事的臣民，君主就应惩罚他们。

君主根据臣民的所作所为，斟酌实情施行赏罚，就不会费力，圣人任用官吏，能够掌握他们，给他们以赏赐，遵循道理办事，所以能够维持长久统治。以上讲的是如何因势顺理管理官吏。

【感悟】

一个君主要想治理好天下，就应该了解天文、地理和人事方面的所有情况，并对好的臣子进行奖赏，对坏的臣民进行惩罚，这样国家才能长治久安。

Section 4

符言第四

人主不可不周①，人主不周，则群臣生乱。家于其无常也，内外不通，安知所开？开闭不善，不见原也②。有主周③。

一曰长目④，二曰飞耳⑤，三曰树明⑥。千里之外，隐微之中，是谓洞天下奸，莫不谙变更。有主恭⑦。

循名而为⑧，实安而完。名实相生，反相为情⑨。故曰：名当则生于实，实生于理，理生于名实之德，德生于和，和生于当。有主名⑩。

【注释】

①不可不周：君主必须广泛知道世间的一切道理。

②不见原也：不知道为善的源头。

③主周：为君主者必须遵循事物本身的规律。

④长目：能看到很远的事物，犹如千里眼。

⑤飞耳：用天下之耳来听。

⑥树明：用天下之心来想。

⑦主恭：是君主所应该用的各种东西。这就是长目、飞耳、树明。

⑧循名而为：探求符合名分的行动。

⑨名实相生，反相为情：指名实相符则会政治清明，名实不符则会政治混乱。陶弘景注："循名而为实，因实而生名，名实不亏，则情在其中。"

⑩主名：君主必须探取恰如其分进行统治的技术。

【译文】

君主必须考虑到世间的一切情况，假如君主不能全面地了解一切，不明情达理，那么群臣就会造反生乱子，家业就会变化无常了。如果消息内外闭塞不通，又怎能知道天下大事的演变，又怎能知道如何行动？假如不善于掌握开合之术，就无法发现事物的本质。以上讲的是君主要全面地了解各种情况。

君主还要能采用三种措施：一是使自己如何看得更远；二是使自己如何听得更广；三是使心能洞察一切，用天下之心来思考。能够了解千里之外的情况，了解隐藏细小的事，这就叫作洞察。如果能够洞察天下一切，那么天下那些为非作歹的人，都会暗中悄悄地改变自己的恶劣行为。以上讲的是怎样参验洞察一切。

按照名分去做事，按照事实来决定。名分是从实际中派生的，客观实际产生事物名分，二者相互助长，相辅相成，这本是事物常理。所以说，适当的名分产生于客观事物的实际，客观事物的把握取决于客观事物的内在规律。事理从名分和实在的德中产生，德从和谐中产生，和谐从恰当中产生。以上所讲是如何把握住名分。

【感悟】

作为君主，必须使自己的耳目遍于天下，这样才能消息灵通，下情达于主上，使自己不至于被蒙蔽。同时，君主还要注意修炼自己的德行，做到名实相符，遵照客观规律办事，这样处理事情才不至于处置失当。

外　篇

　　《外篇》含《本经阴符》七篇、《持枢》一篇《中经》一篇，共九篇。《本经阴符七术》之前三篇说明如何充实意志，涵养精神。后四篇讨论如何将内在的精神运用于外，如何以内在的心神去处理外在的事物。《持枢》，讲的是遵循事物的规律。《中经》讲的是帮助穷困，救济危难以及笼络人心等。

本经阴符七术

一、盛神

盛神①法五龙②，盛神中有五气③，神为之长④，心为之舍，德为之人⑤养神之所，归诸道。道者，天地之始，一其纪也。物之所造，天之所生，包宏，无形化气，先天地而成，莫见其形，莫知其名，谓之神灵。

故道者，神明之源，一其化端⑥，是以德养五气，心能得一，乃有其术。术者，心气之道所由舍者，神乃为之使。九窍、十二舍者⑦，气之门户，心之总摄也。生受之天，谓之真人；真人者，与天为一而知之者，内修练而知之，谓之圣人⑧。圣人者，以类知之⑨。

故人与生一，出于化物⑩。知类在窍。有所疑惑，通于心术⑪；术必有不通。其通也，五气得养，务在舍神，此之谓化。

化有五气者，志也、思也、神也、德也；神其一长也。

　　静和者，养气。养气得其和，四者不衰，四边威势，无不为，存而舍之⑫，是谓神化归于身，谓之真人。真人者，同天而合道⑬，执一而养产万类，怀天心，施德养，无为以包志虑思意，而行威势者⑭也。士者通达之，神盛，乃能养志。

【注释】

①盛神：盛，充沛。神，精神。

②五龙：一指角龙、微龙、商龙、羽龙、富龙；一指皇怕、皇仲、皇叔、皇季、皇少。

③五气：指神、心、德、道、术。

④神为之长：五气之中起决定作用的是人的精神状态。

⑤德为之人：有德使人成为人。

⑥一其化端：万物之变化都源于道。

⑦十二舍：目见色，耳闻声，鼻臭香，口知味，身觉触，意思事，互相停会，称十二舍。

⑧内修炼而知之，谓之圣人：自我修炼，学而知之，是圣人。

⑨以类知之：以一般推知个别，触类旁通。

⑩化物：随物而化。

⑪有所疑惑，通于心术：在感知活动中产生疑惑，要通过冷静的思考去做理性的判断。

⑫存而舍之：吸收与储存。

⑬同天而合道：与天相同，与道相合。

⑭行威势者：运行影响力的。

【译文】

要使精神旺盛充沛，必须效法五龙。旺盛的精神中包含着五脏的精气，精神是五脏精气的统帅，心是精神的信托之所。只有道德才能使精神伟大，所以养神的方法归结为道。道是天地的开始，道产生一，一是万物的开端。万物的创造、天的产生，都是道的作用。道包容着无形的化育之气，在天地产生前便形成了。没有谁能看到它，没有谁能叫出它的名称，只好称它为"神灵"。

所以说，道是神明的根源，一是变化的开端。因此，人们只有用道德涵养五气，心里能守住一，才能掌握住道术。道术是根据道而采用的策略、方法，是心气按规律活动的结果。精神是道术的使者。人体的九窍，人体的器官，都是气进进出出的门户，都由心所总管。直接从上天获得本性的人，叫作真人。真人是与上天结成一体而掌握道的人。通过专心学习磨炼而掌握道的人，叫作圣人。圣人是触类旁通而掌握道的。

人类的肉体与性命，都是出于天地的造化。人类了解各类事物，都是通过九窍。如果有疑惑不解的地方，要通过心的思考而运用道术判断；如果没有道术，一定不会通达。通达之后，五脏精气得到培养，这时要努力使精神保持镇静专一。这便叫作"化"，即符合造化的精妙境界。五脏精气达到了化的境界，便产生志向、思想、精神、道德，精神是统一管理这四者的。

宁静平和便可以养气，养气便可以使得志向、思想、精神、道德四者获得和谐，永不衰败，向四方散发威势。什么事都可以办到，长存不散，这便叫作一身达到了神化的境界，这种人便叫真人。真人，是跟天与道合一的，他能够坚守"一"，而且产生并养育万物，怀着上天之心，施行道德，他是用无为之道指导思想而发出威势的人。游说之士通晓了这一点，精神旺盛充沛，才能培养志向。

【感悟】

天地间的道理博大精深，有些道理用现在的科学还不能作出合理的解释，比如天地间存在某些不同的气，有些人秉这种气而生，因而天生就有某种特殊禀赋，高人一等。但是一个人也可以通过后天不断地学习而懂得天地玄机。

人有各种各样的情欲，平常精神就被这些情欲分散掉了，因此人做事必须专一，专一能把人分散的精神集中起来，使各种感知潜能发挥出来，产生某种特殊的能力，从而找出解决问题的方法。

二、养志

养志①法灵龟②。养志者，心气之思不达也。有所欲，志存而思之。志者，欲之使也③。欲多志，则心散；心散则志衰，志衰则思不达也。

固心气一，则欲不偟；欲不偟，则志意不衰；志意不衰，则思理④达矣。理达则和通，和通则乱气⑤不烦于胸中。故内以养志，外以知人。养志则心通矣，知人则分职⑥明矣。将欲用之于人，必先知其养气志。知人气盛衰，而养其气志，察其所安，以知其所能。

志不养，则心气不固⑦；心气不固，则思虑不达；思虑不达，则志意不实；志意不实，则应对不猛⑧；应对不猛，则志失而心气虚；志失而心气虚，则丧其神⑨矣。

神丧，则仿佛；仿佛，则参会不一。养志之始，务在安己；己安，则志意实坚；志意实坚，则威势不分，神明常固守，乃能分之⑩。

【注释】

①养志：淘汰浅俗的欲望，确定正确的追求。

②灵龟：龟名，用以卜测吉凶。

③志者，欲之使也：志是欲所产生的。

④思理：思维。

⑤乱气：思维紊乱，心绪不宁。

⑥分职：职责。

⑦心气不固：从语气上看，"心气不固"前应有"则"字。固，谓稳定、坚实。

⑧应对不猛：反应、对答不迅猛，不敏捷。

⑨丧其神：丧失精神力。

⑩分之：指分威震物。

【译文】

培养志向要效法灵龟。之所以需要培养志向，是因为如果不培养志向，心的思想活动便不会畅达。如果有了某种欲望，都是放在心里考虑，那么，志向便被欲望所役使。欲望多了，心便分散；心分散了，志向便衰弱了，思想活动便不畅达。

心的思想活动专一，欲望便无隙可乘；欲望无隙可乘，志向意愿不衰弱，思路便会畅达。思路畅达，和气便流通；和气流通，乱气便不会在胸中烦乱。所以，对内要培养志气，对外要了解人。培养志气就会心里畅通，了解别人就会职责明确。如果要把培养志气之术用于对人，就一定先要考察他是如何培养志气的。了解别人的志气的盛衰状况，就可以培养他的志气；观察别人的志趣爱好，就可以了解他的才能。

如果不培养志气，心气就不稳固；心气不稳固，思路便不通畅；思路不通畅，意志便不坚实；意志不坚实，应对便不理直气壮；应对不理直气壮，就是丧失志向和心气衰弱的表现。

志向丧失和心气衰弱，说明他的精神颓丧了。精神颓丧，便会恍惚不清；神志恍惚不清，就不可能专一地探求、领会事理。由此可见，培养志向的重要。如何培养志向，培养志向的初始是什么呢？首先要从使自己镇定安静开始；自己镇定安静了，志向意愿便会充实坚定；志向意愿充实坚定，威势就不会分散。精神明畅，经常固守，就能够震慑对方。

【感悟】

一个人没有志气就容易欲望泛滥，欲望泛滥，今天想做这样，明天想做那样，结果精力分散，一事无成。即使有了志气，也要不断地加以培养，否则也不坚定。培养志气当效法灵龟，沉着镇静，心神守一。要了解一个人，从他的志向就完全可以看得出来。

意志是一个人各种内在精神因素中最重要的一种，可以说是一个人能否成功的关键。没有坚定的意志，精神就会散乱，精力一分散，什么事情也就干不成了。纵观古今，没有一个伟人不是拥有坚定的意志的人。青少年时期是培养意志的关键时期，应该加强意志锻炼。

三、实意

实意①法螣蛇②。实意者，气之虑也。心欲安静，虑欲深远。心安静则神明荣③，虑深远则计谋成。

神明荣则志不可乱④，计谋成则功不可间⑤。意虑定⑥则心遂安，心遂安则所行不错⑦，神者得则凝。识气寄，奸邪得而倚之，诈谋得而惑之，言无由心矣⑧。

故信心术、守真一而不化，待人意虑之交会⑨，听之候之也⑩。计谋者，存亡枢机。虑不会，则听不审矣；候之不得，计谋失矣。则意无所信，虚而无实。

无为⑪而求，安静五脏⑫，和通六腑⑬，精神、魂魄固守不动，乃能内视、反听、定志，思之太虚，待神往来。

以观天地开辟，知万物所造化，见阴阳之终始，原人事之政理。不出户而知天下，不窥牖而见天道。不见而命，不行而至。——是谓"道知"。以通神明，应于无方⑭，而神宿⑮矣。

【注释】

①实意：丰富思想蕴含。实，充实。意，意念、意蕴。

②腾蛇：神蛇。

③神明荣：指思维能力强。

④乱：游移、紊乱。

⑤间：乘间，引申为扰乱。

⑥意虑定：意念坚定，思虑成熟。

⑦所行不错：行为不乖谬。

⑧言无由心矣：难讲真心话了。

⑨待人意虑之交会：意谓待人接物时，其意念、思虑要与客体相符合。

⑩听之候之也：意谓听言要详审，期待捕捉的目标要明确。听，审言。候，伺机。

⑪无为：自然、净化。

⑫五脏：指心、肝、胆、脾、肾。

⑬六腑：指小肠、胆、膀胱、大肠、胃、三焦。

⑭应于无方：即应付各种状态，各个方面。无方，即无常、万方。

⑮神宿：达到神明境界。

【译文】

要使思想充实，必须效法腾蛇。思想充实，产生于气的思考活动。心要求安静，思考要求深远。心一安静，精神便会爽朗充沛；思考一深远，谋划事情便能周详。

精神爽朗充沛，志向就不可扰乱；谋划周详，事业的成功便没有阻隔。思想坚定，心里便顺畅；心里安静，所做的一切便不会有差错。精神满足得所，便会专一集中。如果思想活动不安定而游离在外，奸邪之徒便可凭借这种状况干坏事，欺诈阴谋便可乘机迷惑自己，于是说出话来便不会经过心的仔细思考。

所以，要使心术真诚，必须坚守专一之道而不改变，等待别人开诚相见，彼此交流，认真听取和接受别人的意见。计谋是关系国家成败的关键。如果思想不交融，听到的情况便不周详；接受的东西不恰当，计谋就会发生失误。那么，思想上便没有真诚可信的东西，变得空虚而不实在。

要自然无为，使得五脏和谐，六腑通畅，精、神、魂、魄都能固守不动。这种便可以精神内敛来洞察一切、听取一切，便可以志向坚定，使头脑达到毫无杂念的空灵境界，等待神妙的灵感活动往来。

从而可以观察天地的开辟，了解造化万物的规律，发现阴阳二气周而复始的变化，探讨出人世间治国方法的原理。这便叫作不出门户便可了解天下的万事万物，不把头探出窗外便可了解自然界的变化规律；没有见到事物便可叫出它的名称，不走动便可以达到目的。这便叫作"道知",即凭借道来了解一切。凭借道了解一切,可以通达神明,可以应接万事万物而精神安如泰山。

【感悟】

俗话说:"一心不能二用。"人只有在心神集中的情况下,思路才能够明晰畅达,思考问题才能具有深度,有利于找出问题的关键,使问题得以解决。如果心神不定,做事就不得要领,说话也是脱口而出,错误百出。

人必须心情淡泊,神思宁静,而后才能反视自己的内心世界,思考事物的来龙去脉,探究宇宙的道理,然后再据此提出合理的主张,制订可行的计划,达到成功的目的。

四、分威

分威①法伏熊②。分威者,神之覆也③。故静固志意④,神归其舍⑤,则威覆盛矣。威覆盛⑥,则内实坚;内实坚,则莫当;莫当,则能以分人之威而动,其势如其天。以实取虚,以有取无,若以镒称铢。故动者必随,唱者必和⑦。挠其一指,观其余次,动变见形⑧,无能间者⑨。审于唱和⑩,以间见间⑪,动变明,而威可分。

将欲动变,必先养志、伏意,以视间。知其固实者,自养也。让己者,养人也。故神存兵亡⑫,乃为之形势。

【注释】

①分威:施威慑敌。

②伏熊：意谓要扩散影响力，应像熊那样，先伏后动。

③分威者，神之覆也：意谓分威就是扩大精神影响力的覆盖面。

④静固志意：别本作"静意固志"，当是。意思是说要意念安静，志尚坚定。

⑤神归其舍：意即精神集中。舍，宅。

⑥盛：充溢而未发。

⑦动者必随，唱者必和：此动则彼必随之，此唱则彼必和之。意指分威震物。

⑧动变见形：动变，指此动彼变。见形，指成为现实。

⑨无能间者：意谓不会有间隙被人利用。间，间隙，此处作动词用。

⑩审于唱和：审慎于此唱彼和之理。

⑪以间见间：因其间隙而见之。

⑫神存兵亡：即"神存于内，兵亡于外"，指精神的无形的影响力还存在，但有形的外在力量已不再存在。

【译文】

发挥威力，要效法伏在地上准备出击的熊。只有在旺盛的精神笼罩之下，威力才能充分发挥。所以，要使志向坚定，思想安静，精神集中，威力才能盛大。威力盛大，则内部充实坚定；内部充实坚定，威力发出便没有谁能抵挡。没有谁能抵挡，就能以发出的威力震动别人，那威势像天一样无不覆盖。

这便是用坚实去对付虚弱，用有威力去对付无威力。这就好像"镒"和"铢"比较一样，相差悬殊。所以，只要一动便一定有人跟从，一唱便一定有人附和。只要弯动一个指头，便可看到其他指头的变化。威势一发出，就可使情况发生变化，没有谁能够阻隔。对唱和的状况进行周详考察，可以发现对方的任何间隙，明了活动变化的情况，于是威力就可以发挥出来。

自己要活动变化，一定先要培养志向、隐藏意图，从而观察对方的间隙，把握住时机。使自己思想意志充实坚定，是养护自己的方法；自己讲求退让，便是驯服别人的方法。所以，能够"神存兵亡"，即精神专注而进击之势毫不表现出来，那便是大有可为的形势。

【感悟】

要想扩大外在影响，必须先积蓄足够的力量，积蓄了足够的力量之后就要把这些力量适当地分散出去，否则就无从扩大影响的范围。扩大影响的前提是勤修内政，巩固基础。

五、散势

散势①法鸷鸟。散势者，神之使也②。用之，必循间而动③。威肃内盛，推间而行之④，则势散。夫散势者，心虚志溢⑤。意失威势，精神不专，其言外而多变⑥。故观其志意，为度数⑦，乃以揣说图事⑧，尽圆方，齐短长。无则不散势⑨，散势者，待间而动⑩，动势分矣。

故善思间⑪者，必内精五气，外视虚实，动而不失分散之实。动则随其志意，知其计谋。势者，利害之决，权变之威⑫。势败者，不以神肃察也⑬。

【注释】

①散势：用一种爆发性的冲击力去震物服人。

②散势者，神之使也：散势是精神力的爆发，即势由神发。

③循间而动：意谓要顺着对方呈现出的间隙、缺失等有利机会，再动势。循，顺。

④威肃内盛，推间而行之：意谓蓄势已久，威力充盈，必然要寻找并创造机会迸发内力。推，推求。

⑤心虚志溢：意谓心虚利于容物，志溢利于决事。

⑥言外而多变：言外，指说话疏外，不合人情，不切事理。多变，指言无准的，多生变。

⑦观其志意，为度数：观察分析对方的心志意念作出正确的估量。

⑧揣说图事：揣摩进说，图谋成事。

⑨无则不散势：嘉庆本作"无间则不散势"。无间，对方无间隙可利用，有利时机未出现。

⑩散势者，待间而动：运用爆发力的人等待有利机会的出现，再动势。

⑪思间：对有利机会的准确把握与分析。

⑫势者，利害之决，权变之威：爆发力的运用，是获利或致害的关键所在，是控制事态变化的威慑力量所在。

⑬势败者，不以神肃察也：意谓散势失败的往往是因为不能运用旺盛的神气认真仔细地审察。

【译文】

散发威势，即利用权威和有利形势采取行动，要效法鸷鸟。散发威势，是由精神主宰的。要散发威势，一定要抓住间隙(时机)采取行动。威力收敛集中，内部精神旺盛，善于利用对方的间隙采取行动，那么，威势便可以发散出去。散发威势时，要思想虚静，从而考虑周详；要意志充沛，从而能够决断。如果意志衰微，便会丧失威势，加上精神不专一，那么，说起话来便会不中肯，而且前后矛盾，变化不定。所以，要观察对方的思想意志和办事标准，运用揣摩之术游说他，并采取不同的政治权谋谋划各种事情，有时圆转灵活，有时方正直率。如果缺少间隙或意志等主客观条件，就不能发散威势。因为散势必须等待间隙而采取行动，一行动便要发出威势。

所以，那些善于发现间隙(时机)的人，一动便不会失去散发威势的实效，便会紧紧抓住对方的思想意志，及时了解对方的计谋。总之，形势是决定利害的，也是能够权变并发挥威力的条件。威势衰败，往往是因为不能够集中精神去审察事物结果。

【感悟】

善于审时度势，发现对方的致命弱点，然后集中自己的力量乘其不备时给对方以关键一击，这毫无疑义会成功取胜，从而达到震慑对方的效果。

六、转圆

转圆①法猛兽②。转圆者，无穷之计③。无穷者，必有圣人之心，以原不测之智④；以不测之智而通心术⑤。而神道混沌为一⑥。以变论万义类，说义无穷⑦。智略计谋，各有形容，或圆或方，或阴或阳，或吉或凶，事类不同。故圣人怀此之用⑧，转圆而求其合。故与造化者，为始动作，无不包大道，以观神明之域⑨。

天地无极，人事无穷，各以成其类⑩。见其计谋，必知其吉凶成败之所终也。转圆者，或转而吉，或转而凶。

圣人以道，先知存亡，乃知转圆而从方。圆者，所以合语；方者，所以错事⑪；转化者，所以观计谋；接物者，所以观进退之意。皆见其会，乃为要结⑫，以接⑬其说也。

【注释】

①转圆：待人处事要运用智慧，随物转化，旋转无穷，周圆处之，遇阻能通。

②猛兽：以兽威无尽喻圣智不穷，转圆不止。

③无穷之计：智谋无穷，说法无穷，遇到各种时态。事态、心态不会因阻而折，因困而穷，能用全处之，圆润求通。

④原不测之智：意谓推究人们难以测知的睿智。原，推究本源。

⑤通心术：灵活运用心机、方法。

⑥神道混饨为一：主观之神，客观之道，融合为一，互相

包容，互相影响，互相转化。

⑦以变论万类，说义无穷：意思是说，既有圣人的心、智、术，就可以针对万类事物的复杂变化，作出不同的分析论述，说出无穷无尽的道理。道藏本"万"下有"义"，为衍文。

⑧圣人怀此之用：圣人牢记这个道理。指针对不同的事物，施以不同的智谋，求得不同的结果。

⑨神明之域：无形的领域，最高境界。

⑩各以成其类：意即有自己的演变方式。类，法式。

⑪错事：指处事合宜。错，同措，处置。

⑫皆见其会，乃为要结：意谓对圆者、方者、转化者、接物者及合语、错事、观计谋、观进退四个方面要综合分析运用。

⑬接：接应。

【译文】

要像圆珠那样运转自如，必须效法猛兽。所谓要像圆珠那样运转自如，便是指计谋没有穷尽。要能使计谋无穷运转，必须要有圣人的胸怀，从而探究不可估量的智慧，以这种不可估量的智慧来通晓心术。自然之道是神妙莫测的，处于一种混沌的统一状态。用变化的观点来讨论万事万物，所阐明的道理是无穷无尽的。智慧谋略，各有各的形态。有的灵活圆转，有的方正直率，有的公开，有的隐秘，有的顺利，有的凶险，这是为了应付不同的事类。所以，圣人根据这种情况以运用智谋，像圆珠运转，以求计谋与事物状况相吻合。他发扬自然造化之道，谋略开始后的一切举动无不包容自然造化之道，从而能观察研究神妙莫测的领域。天地是没有终极的，人事是变化无穷的，各自按照自然之道而形成类别。观察一个人的计谋，便可预测他的吉凶、成败的结局。计谋像圆珠一样运转变化，有的转化为吉，有的转化为祸。

圣人凭借自然之道，能够预先了解事物的成败，因此能够灵活运转而确立某种方正的策略，抓住事物成败的关键。圆转灵活，是为了使彼此意见融洽；方正直率，是为了正确地处理事务。运转变化，是为了观察计谋的得失；接触外物，即与人交往，是为了观察别人进退的意图。只有了解事物的关键，把握对方的主要想法，才能跟对方紧密联合，使彼此的主张一致。

【感悟】

天下之事，变化无穷，各有各的特性，因此，不能机械地去对待，而应以转圆之法顺应事物内在运行规律去行事。通过各种方法，用灵活权变的手段去解决。天下无方圆无以成事。方是基本的方针政策，是行事的基础，圆是灵活变通，是行事的必要补充。二者相辅相成，缺一不可。没有方则做事为所欲为，没有一定的准则。没有圆则做事呆板僵化，不知灵活权变。只有把方和圆这两种处事方法有机地结合起来使用时，做事才会成功。

七、损兑

损兑①法灵蓍②。损悦者，几危之决也。事有适然③，物有成败，几危之动，不可不察。故圣人以无为待有德④，言察辞，合于事⑤。兑者，知之也；损者，行之也。损之说之，物有不可者⑥，圣人不为之辞也⑦。故智者不以言失人之言，故辞不烦而心不虚，志不乱而意不邪⑧。

当其难易，而后为之谋；自然之道，以为实。圆者不行，方者不止，是谓大功⑨。益之损之，皆为之辞。用分威、散势之权，以见其兑⑩威，其机危。乃为之决。故善损兑者，譬若决水于千仞之堤，转圆石于万仞之谿。

【注释】

①损兑：减少他虑，专心察理。

②灵蓍：古代占卜用的蓍草茎。

③适然：偶然性。

④以无为待有德：意思是说要虚己容人。德，得也。

⑤言察辞，合于事：审查言辞，明试事功。

⑥物有不可者：事物不妥当、不对头的。即客观事物的本然与主观不相符的。

⑦圣人不为之辞也：圣人不做主观论断，为之论说。

⑧志不乱而意不邪：心志专一不惑乱；意念守正不邪僻。

⑨圆者不行，方者不正，是谓大功：意谓功在使客观事物按照主观愿望方向变化。

⑩用分威、散势之权，以见其兑：用分威、散势的办法来显现心察。见，通"现"。

【译文】

减损杂念以使心神专一，要效法灵验的蓍草。减损杂念、心神专一是判断事物隐微征兆的方法。事件有偶然巧合，万物都有成有败。隐微的变化，不可不仔细观察。所以，圣人用顺应自然的无为之道来对待所获得的情况，观察言辞要与事物相结合。心神专一，是为了了解事物；减少杂念，是为了坚决行动。行动了，解说了，外界还是不赞同，圣人不强加辞令进行辩解。所以，聪明人不因为自己的主张而排斥掉别人的主张。因而能够做到语言扼要而不烦琐，心里虚静而不乱想，志向坚定而不被扰乱，意念正当而不偏邪。

适应事物的难易状况，然后制定谋略，顺应自然之道来做实际努力。如果能够使对方圆转灵活的策略不能实现，使对方方正直率的计谋不能确立，那就叫作"大功"。谋略的增减变化，都要仔细讨论得失。要善于利用"分威""散势"的权谋。发现对方的用心，了解隐微的征兆，然后再进行决断。总之，善于减损杂念而心神专一的人处理事物，就像挖开千丈大堤放水下流，或者像在万丈深谷中转动圆滑的石头一样。

【感悟】

客观世界是复杂的，往往含有极其微妙的变化，在制定谋略时就应该考虑到这些因素。只有客观地分析事物，才能做到心不烦，志不乱，意不邪，这样制定出来的谋略才不会失之偏颇。

Section 2

持　枢

持枢[①]

持枢，谓春生、夏长、秋收、冬藏，天之正[②]也。不可干而逆之[③]；逆之者，虽成必败。故人君亦有天枢，生养成藏[④]。亦复不可干而逆之；逆之者，虽盛必衰。此天道，人君之大纲也。

【注释】

①持枢：洞察事物生成发展的根本原则，以便采取能适应的行动。持，掌管、执掌；枢，本指户枢。

②天之正：天地运作的正道。正，常例，准则。陶弘景注："言春夏秋冬，四时运行，不为而自然也。不为而自然，所以为正也。"

③不可干而逆之：不可冒犯而违逆。干，触犯。

④生养成藏：保护民力，不过度使用。生，万物萌长，喻百姓富庶。养，养育。成，教化养成。藏，保藏。

【译文】

所谓持枢，是指春季的耕种、夏季的生长、秋季的收割、冬季的储藏，乃是天时的正常运行。决不可企图改变和违背这些规律，违背者即使暂时成功，最后也要失败。所以为人君者，也应有天枢，负责生聚、教养、收成、储藏等重任。在社会生活中，尤其不可改变和抗拒这些规律。如果违背基本规律，虽然暂时兴盛起来，最后还要衰落。这是天道，也是人君治国的基本纲领。

【感悟】

事物的发展规律是主宰宇宙中一切事物变化发展的基本规律，所有的事物都是无法违背它而独自运行的。顺应事物的发展规律行事则成，违背事物的发展规律行事则败。因此，我们做任何事都必须自觉地依照这个规律去进行。

3 / Section 3

中　经

中经[①]

中经，谓振穷趋急，施之能言厚德之人；救物执，穷者不忘恩也。能言者，俦善博惠[②]；施德者，依道[③]；而救拘执者，养使小人。

盖士，当世异时，或当因免阗坑，或当伐害能言，或当破德为雄，或当抑拘成罪，或当戚戚自善，或当败败自立。

故道贵制人，不贵制于人也；制人者握权，制于人者失命。是以见形为容，象体为貌，闻声和音，解仇斗郄[④]，缀去却语，摄心守义。《本经》记事者纪道数，其变要在《持枢》《中经》。

见形为容，象体为貌者，谓爻为之生也，可以影响、形容、象貌而得之也。有守之人，目不视非，耳不听邪，言必

《诗》《书》，行不僻淫⑤，以道为形，以听为容，貌庄色温，不可象貌而得也；如是隐情塞郄而去之。

闻声和音，谓声气不同，则恩受不接。故商、角不二合，徵、羽不相配⑥。能为四声主者，其唯宫⑦乎！故音不和则不悲、不是，以声散伤丑害者，言必逆于耳也。虽有美行盛誉，不可比目⑧、合翼⑨相须也，此乃气不合、音不调者也。

解仇（斗郄），谓解赢⑩微之仇；斗郄者，斗强也。强郄既斗，称胜者，高其功，盛其势。弱者哀其负，伤其卑，污其名，耻其宗。故胜者斗其功势，苟进而不知退。弱者闻哀其负，见其伤，则强大力倍，死而是也。郄无极大，御无强大，则皆可胁而并。

缀去者，谓缀己之系言，使有余思也。故接贞信⑪者，称其行，厉其志，言可为可复，会之期喜。以他人之庶，引验以结往，明疑疑而去之。

却语者，察伺短也。故言多必有数短之处，识其短验之。动以忌讳，示以时禁⑫。然后结信，以安其心，收语盖藏而却之。无见己之所不能于多方之人。

摄心者，谓逢好学伎术⑬者，则为之称远；方验之，惊以奇怪，人系其心于己。效⑭之于人，验去乱其前，吾归诚于己。遭淫色酒者，为之术，音乐动之⑮，以为必死，生日少之忧。喜以自所不见之事，终可以观漫澜⑯之命，使有后会。

守义者，谓守以人义，探心在内以合也。探心，深得其主也；从外制内，事有系由而随之也。故小人比人，则左道⑰而用之，至能败家夺国。非贤智，不能守家以义，不能守国以道。圣人所贵道微妙者，诚以其可以转危为安、救亡使存也。

【注释】

①中经：指以内心去经营外物。中，内心；经，经营、治理。

②能言者，俦善博惠：巧于雄辩的人最能解决纠纷，所以就成为善人的好友而广施恩惠。俦，同类、伴侣。

③依道：遵循道法。道，道德、道义。

④郄：缝隙。

⑤僻淫：邪恶淫乱。

⑥商、角不二合，徵、羽不相配：商、角、徵、羽都是五音的名称，商属金，角属木，徵属火，羽属水。由于金木水火土五行相克而不相合，所以才有乐声不调和的现象。

⑦宫：五音之一，被视为土，能和其他四音。

⑧比目：即比目鱼，只有一只眼睛的鱼，总是两条并游。

⑨合翼：即比翼鸟。只有一眼一翅的鸟，总是两只并羽齐飞。

⑩羸：瘦弱。

⑪贞信：诚信。

⑫时禁：除规定时间以外禁止出入的禁令。

⑬伎术：同技术。

⑭效：效劳。

⑮音乐动之：以音乐的快乐节奏来感动人。

⑯漫澜：无限遥远的样子。

⑰左道：邪道。

【译文】

所谓中经，就是帮助穷困，救济危难，而且这种德行要施之于能言善辩、品德淳厚的人。如果解救了牢狱中的人，那么这个穷途末路的人一定不会忘记对方的恩惠。

巧于雄辩的人，多心地善良，又能广施恩惠。那些对人施行德义的人，都依道行事。而能救人于牢狱的人，能收养平民并加以利用。

士大夫常常生不逢时，或者侥幸免于深陷兵乱，或者因能言善辩而遭谗害，或者被迫放弃德行铤而走险；或者遭到拘捕成为囚犯；或者想戚戚独善其身；或者反败为胜而独立于世。

所以处世之道贵在能够制服人，而不能受制于人。能制服别人的人可以掌握权力，受制于人的人就会丢掉性命。所以，看见外形要能判断面容，估量身材要能推知相貌，听到声音要能随声唱和，要善于解除仇恨和与敌斗争，要善于挽留想要离去的人和对付前来游说的人，要善于摄取真情和恪守正义。本经记事是记录道数，其变化都在于《持枢》和《中经》二篇之中。

所谓"见形为容，象体为貌"，就像爻卦占卜一样，可以从影子和回音方面，可以从形体和姿容方面，可以从形象和面貌方面来掌握对方。而那些有操守的人，眼睛不看非礼之物，耳朵不听邪恶之言，言必称《诗》《书》，行为端正，道貌岸然，以德为容，庄严而又温顺。这样的人就难以从外形把握他们。遇到这种对手，就应深隐真情，堵塞漏洞，然后离去。所谓"闻声和音"，是指声气不同，感情上难于接受，所以在五音中，商音与角音合不到一起，徵音与羽音不协调，能调和四声的只有宫音。所以五音不协调就不悲壮，那些散、伤、丑、害等不和之音，更不成声调，用这些音来游说必然难于入耳。虽然有高雅的行为和美好的名声，也不可能与别人像比目鱼和比翼鸟那样亲密无间和谐相处。这都是因为声气不相同、音调不和谐的缘故。

所谓"解仇斗郄"，是说要调解两个弱者之间的敌对关系，所谓"斗郄"就是使两个强者相斗。两个强者既然斗起来，就必然有一胜一负。胜利的一方会夸耀战功，炫耀气势；败北的一方，就要哀叹失败，自卑伤感，觉得丢了面子，对不起祖宗。所以胜利的一方只知道夸耀成功和气势，只要能前进就决不后退；弱的一方知道自己为什么失败，不忘战争创伤，努力使自己强大，加强力量，为此而拼命。哪怕没有多少可乘之机，只要敌方防御不够强大，就可以威胁它，以至吞并它。

所谓"缀去"，就是指说出自己挽留的话，让对方再慎重考虑。在与对方接触时，要称赞他的品行，鼓励他的志气。讲出哪些事可以重新做，哪些事可以继续做，与他一同期待成功的喜悦。利用别人的教训来验证自己以往的行动，以便排疑解惑。

所谓"郄语"，就是要侦察对手的弱点。因为对手的话说多了，必然会有失言的地方，抓住对手的某些失实的言辞，并把它与事实相验证。用对手最忌讳的问题去动摇它，让对手产生一种拘束感。然后再争取和安抚对手的惶恐之心。最后再把以前的话拉回来，委婉地反驳对方，又不要把他的无能暴露给更多的人。

所谓"摄心"，就是说遇到好学技术的人，就要为他们扩大宣传，并设法从多方面来证实他们的技术。使之受宠若惊，感到无可非议。那么这个人的心就被我们所笼络。让他的智慧为民众效力，利用以前的经验来治理混乱局面，使老百姓也能心悦诚服地归顺我们。一旦遇到沉湎酒色的人，就要采取一定的方法，用音乐来打动他们，再用酒色会影响寿命的道理来提醒他们，使他们萌生生命会日益缩短的忧患意识，再用那些他们所不曾见过的美好景象来刺激他们的情绪，使他们看到人生的道路是丰富多彩的，对未来充满信心。

所谓"守义"，是说要遵守人的义理。就是要探寻人们内心的想法，以求得判断与事实相符合。如能探到真心，就可以掌握人的真正想法。从外到内来控制他们的内心。事情总是有联系的，都会由一定原因引起，按一定逻辑发展。小人与君子相比，他们会采用左道旁门，会导致败家亡国。不是圣人和智者就不能用义理来治理国家、不能用道德来保卫国家。圣人所以珍视道的微妙，那是因为道可以转危为安、救亡图存。

【感悟】

救人于穷困之时，犹如雪中送炭，使人永生难忘。也就是说帮助人在别人最困难的时候，被帮助的人才最感恩戴德。尤其是那些身陷囹圄之人，性命朝夕不保，一旦你把他们解救出来，就会为你所用。人处于危乱之世，必然会遭受种种苦难，而在此时，只要善于自守，恪守道德规范，坚持目标不变，掌握主动权不为人所制，那么就能渡过危难自强自立。

事物的内在本质往往可以通过影响或改变其外表形式而发现出来，但是也有特殊情况，当遇到这种特殊情况时就要加以变通，以其他的途径去了解事物的本质。情感是人类行为中最为复杂的，意气不投，言语不和，什么事情都难以办成，碰到这种情况，就应该先想方设法消除对方的抵触情绪，加以引导，然后事情才可办成功。

在战争中，如果要树立自己的威望，对弱小的割据势力要去消除他们的嫌隙，而对强大的势力，则去制造他们之间的矛盾，让他们相互火并，自己从中坐收渔利。这样既控制了弱者，又钳制了强者。

笼络即将离你而去的人绝对是一件非常有意义的事情，因为这个人虽然离你而去，以后他仍会想到你对他的恩义，他极有可能再回到你的阵营中，即使不回到你的阵营中也可能从其他渠道给你以帮助。要收罗一个人，只要抓住他的缺点和过犯，然后对他威胁利诱，使其畏惧，这样他就会忠心不二地为你办事。同时要注意自己的言行，以免给人留下把柄而为他人所要胁。

要想使一个人诚心归附，对其才貌要大加称赞，突出他的荣耀，同时又要不失时机地指出他的不足，让他知道你的高明之处。如果遇到那些犯有过错的人，你努力帮助他纠正之后，他更会对你感恩戴德，尽心尽力为你效劳。

道义是关乎国家生死存亡的大事，小人如果以他们的道义来治理国家，那么国家就必然败亡。因此，要注意防止小人当政，要让有仁德的圣人来治理国家，这样社会才能稳定，国家才会富裕强大。